U0510485

马克思主义经典著作的文艺理论思想

冯宪光 —— 著

文艺通识丛书

张江 主编

中国社会科学出版社

图书在版编目（CIP）数据

马克思主义经典著作的文艺理论思想／冯宪光著 . —北京：中国社会科学出版社，2018.11

（文艺通识丛书）

ISBN 978 - 7 - 5203 - 3598 - 0

Ⅰ.①马…　Ⅱ.①冯…　Ⅲ.①马克思著作研究—文艺思想　Ⅳ.①A811.691

中国版本图书馆 CIP 数据核字（2018）第 260894 号

出 版 人	赵剑英
责任编辑	喻　苗
责任校对	王　龙
责任印制	王　超

出　　版	中国社会科学出版社
社　　址	北京鼓楼西大街甲 158 号
邮　　编	100720
网　　址	http://www.csspw.cn
发 行 部	010 - 84083685
门 市 部	010 - 84029450
经　　销	新华书店及其他书店

印刷装订	环球东方(北京)印务有限公司
版　　次	2018 年 11 月第 1 版
印　　次	2018 年 11 月第 1 次印刷

开　　本	880 × 1230　1/32
印　　张	5
字　　数	96 千字
定　　价	36.00 元

凡购买中国社会科学出版社图书，如有质量问题请与本社营销中心联系调换
电话：010 - 84083683

总　序

让文艺知识走进千家万户

组织这套"文艺通识丛书"的目的，是让文学知识走出专业研究的殿堂，来到人民大众之中。习近平总书记《在文艺工作座谈会上的讲话》指出："社会主义的文艺，从本质上讲，就是人民的文艺。"人民大众需要文艺，也需要关于文艺的知识。

在工作之余，可读读小说，看看电影、戏剧，也可背古诗、听朗诵、看展览，欣赏歌曲、练书法，参加各种艺术体验活动。在生活中，文学艺术无处不在。但是，爱好文艺，并不等于就懂得文艺。古今上下几千年，东西南北几万里，积累了大量的关于文艺的知识，这是人类文明的重要成果。学习这些知识，是理解沉积在作品之中的意蕴，提高审美水平的重要途径。然而，专家的著述难懂，所讲的知识隐藏在繁杂的论证之中，所用的语言艰涩并时时夹杂许多专门术语，还涉及众多人名、地名和陌生的历史史实，使一般民众难以接受。专业学界与人民大众之间的藩篱亟需推倒，高冷的文学学术与民众的文艺热情之间的鸿沟之上必须架起桥梁。想提高文艺鉴赏水平，还是要听听专家们怎么说，但专家也要说得让大众听得懂。

时代在改变，新的时代，新的经济生活方式，新的技术条件，也促使人民大众的文艺生活发生着深刻的变化。文学艺术遇到了新情况，应该怎么办？一些西方学者提出了"文学的终结"和"艺术的终结"的观点。这种"终结观"，实际上反映的是文艺与审美的关系，文艺与作为其载体的媒体间关系，以及文艺与所反映的观念间关系这三重关系的变化。因此，文艺要适应新情况，理解文艺也需要新的知识。让人民大众掌握关于文艺的知识，让人民大众了解当代文艺的新情况，这一任务的必要性，在当下显得越来越迫切。

用通俗易懂的语言，讲文艺知识。将专家研究成果的结晶，化为人民大众的文艺常识，这种工作其实并不容易。要做到举重若轻，通俗而不浅薄，前沿而不浮躁，深刻而不晦涩，是非常难的一件事。我们组织这套书的原则是，请大家写小书。我们所邀请的作者，都是学术界相关领域的著名学者。他们学养深厚，对学科的来龙去脉有深入的了解，同时，在学术上，既能进得去，又能出得来。我们的目的是，用人民大众看得懂的语言，搭起一座座从专业学术通向人民大众之间的桥梁。

　　这套丛书的读者定位，是广大的干部群众，文学艺术的爱好者，非文学艺术专业的各行各业的从业者，以及文学艺术专业的初学者。这是一个范围广大的群体。当然，这套书不是教材，不像教材那样板着面孔，用语端庄，体例严谨，要求读者端坐在书桌前仔细研读。我们希望这套书能语言活泼，生动而有趣味性，像床头读物一样，使读者在轻松的阅读中，获得有关文艺的知识。

　　发展"人民的文艺"，就要使文学知识走向大众。实现国家富强、人民幸福的中国梦，需要文化繁荣，需要普及文艺知识。让更多的人爱好文艺，了解文艺，让文艺知识走进千家万户，这是我们组织这套书的初衷。

张　江

2018 年 8 月

目　　录

序

习近平总书记在 2014 年文艺座谈会的讲话中指出，"要高度重视和切实加强文艺评论工作"，"要以马克思主义文艺理论为指导，继承创新中国古代文艺批评理论优秀遗产，批判借鉴现代西方文艺理论，打磨好批评这把'利器'，把好文艺批评的方向盘"。① 只有坚持以马克思主义文艺理论为指导，才能有效地继承创新中国古代文艺批评理论优秀遗产，批判借鉴现代西方文艺理论，把好文艺批评的方向盘，更好地建设和发展中国化的马克思主义文艺理论。

卡尔·海因里希·马克思（Karl Heinrich Marx，1818—1883）和弗里德里希·冯·恩格斯（Friedrich Von Engels，1820—1895）在 19 世纪作为奠基人，开创了马克思主义的

---

① 习近平：《在文艺工作座谈会上的讲话（2014 年 10 月 15 日）》，《人民日报》2015 年 10 月 15 日。

伟大理论。马克思主义有其深刻的哲学、政治经济学和科学社会主义理论，这些理论由于以人类全部实践活动的历史发展和社会整体组织结构、各种制度、功能及其历史演变作为研究对象，也就成为涵盖人类社会各个领域的总体化科学理论，对于人、自然和社会各方面问题具有全面而深刻的解释能力。不难理解，在马克思主义整体中就包含论述文学艺术活动的马克思主义文艺理论。马克思恩格斯不是专门的文艺理论家，但他们的哲学、政治经济学、科学社会主义等经典论著，有大量关于文学艺术的论述，有对文学艺术实践精细而深入的马克思主义的分析，蕴含和集中体现着马克思主义文艺理论的基本原理，是一百多年来蓬勃发展、兴旺发达的包括中国化马克思主义文论在内的全球马克思主义文论的起点、本源和基础。因此，我们要在文艺批评中坚持以马克思主义为指导，首先要学习好马克思主义经典著作中的文艺理论思想，充分认识和理解马克思主义原典所阐释的马克思主义文艺理论的立场、观点、方法，正确地指导中国当下社会主义文艺的健康发展。

本书以"马克思主义经典著作的文艺理论思想"为名，论述马克思恩格斯经典论著中的文艺思想和列宁在十月革命前后发展的马克思主义文论思想。正如恩格斯所言，"马克思的整个世界观不是教义，而是方法。它提供的不是现成的教条，而是进一步研究的出发点和供这种研究使用的方法"①。马克思主义经典著作中的文艺思想是中国化马克思主义文艺理论研究的出发点和方法。在新的时代，马克思恩格斯的文艺思想以及列宁发展的马克思主义文论思想对于研究和探索中国特色社会主义文艺理论有重要指导意义。

冯宪光

2018 年 7 月

---

① 《马克思恩格斯文集》第 10 卷，人民出版社 2009 年版，第 691 页。

一 马克思主义经典著作是马克思主义文论的起源和基础

（一）马克思主义文论的诞生是文论史上的伟大变革

恩格斯说，"每一个时代的理论思维，包括我们这个时代的理论思维，都是一种历史的产物，它在不同的时代具有完全不同的形式，同时具有完全不同的内容"①。马克思主义诞生于19世纪的欧洲。1688年英国革命和1789年法国革命在这两个欧洲重要国家确立了资本主义社会制度，也为德国和欧洲资本主义发展开辟了道路。19世纪，资本主义的发展扩大了交往范围，生产和文化都成为世界性的，历史成为世界史。资本主义不仅造就资产阶级，也造就了摧毁资本主义制度的无产阶

① 《马克思恩格斯文集》第9卷，人民出版社2009年版，第436页。

级。各种怀疑和反对资本主义制度的社会主义、共产主义思潮涌现。这是一个科学地认识历史的时机已经成熟的时代，也是一个使社会主义从空想变为科学的成熟时机。这就是马克思主义及其文艺理论与以前的学说具有不同形式和内容的根本原因。

习近平总书记指出，"马克思主义是在批判吸收人类全部知识的基础上产生并且随着时代、实践和科学的发展而不断丰富发展的，是人类迄今为止最先进的思想理论体系"①。马克思主义文艺理论也是这样。文学艺术是人类社会必不可少的文化实践活动，从现在可以寻觅的历史资料来看，早在中国先秦时代、西方古代希腊，就有对文学艺术的认知和论断，在马克思主义诞生以前，中外历代文论家构建了各种文艺理论体系。马克思主义诞生的同时，以马克思恩格斯经典著作中对文学艺术的论述为标志，树立了马克思主义文论的丰碑。马克思主义的诞生是人类思想史上的伟大变革，同样，马克思主义文论的诞生是人类文论史上的一次伟大变革，因为它诞生了批判吸收人类全部文艺理论知识的基础上产生的先进的文艺理论体系。

马克思的女儿燕妮、劳拉问过父亲，您最喜欢的箴言是什

① 习近平：《关于建设马克思主义学习型政党的几点学习体会和认识——在中央党校 2009 年秋季学期第二批进修班开学典礼上的讲话（2009 年 11 月 12 日）》，《学习时报》2009 年 11 月 16 日。

么，马克思的回答是："怀疑一切。"①"怀疑一切"是 17 世纪法国哲学家笛卡尔的名言，来自笛卡尔关于认识真理时正确审视前人知识成果的科学原则，其含义不是对前人知识报以虚无主义态度，而是在自己对这些知识成果没有重新研究与考察之前，不迷信盲从，"凡是我没有明确地认识到的东西，我决不把它当成真的接受"②。这是西方理性认知在认识过程中发展出来的批判性思考、知性不惑的特征。马克思作为一个严谨的理论家，对西方从古希腊以来所积累下来的全部知识进行了批判性考察，从认识基础上做了彻底颠倒，把知识的根源从内在心灵世界转移到人类以物质生产为根本的社会实践活动基础上，把推进历史前进的花环从少数王公贵族、财富大亨身上剥离，戴在千百万劳动人民头上，创建了辩证唯物主义与历史唯物主义的新的世界观，在历史唯物主义基础上创建了马克思主义文艺理论，实现了人类思想史上的壮丽日出。

马克思恩格斯创立的马克思主义及其文论的科学性，首先在于他们对前人关于人类、社会以及文学艺术的全部知识进行了认真的研究和考察。西方文论发轫于古代希腊，经中世纪和

---

① 陆梅林辑注：《马克思恩格斯论文学与艺术》（二），人民文学出版社 1983 年版，第 326 页。

② ［法］笛卡尔：《谈谈方法》，王太庆译，商务印书馆 2000 年版，第 16 页。

文艺复兴时期，走到了 18 世纪启蒙主义文论和 18 世纪到 19 世纪的德国古典美学与文论。其间最重要的文论家是古希腊时代的柏拉图、亚里士多德和 18、19 世纪德国古典哲学阶段的康德、黑格尔等几位赫赫有名的哲学家。从马克思恩格斯的生平事业资料显示，他们对这些哲学家的理论都很熟悉，都有系统而深刻的研究。

恩格斯说，"每一个时代的哲学作为分工的一个特定的领域，都具有由它的先驱传给它而它便由此出发的特定的思想材料为前提"①。马克思主义诞生以前的西方文论主要是哲学家引领的文艺理论。这些理论家都以自己的唯心主义或唯物主义哲学体系来解释文学艺术。马克思 1845 年的《关于费尔巴哈的提纲》对在此以前一切西方哲学对研究对象的认识，即这些哲学研究对象的理论出发点进行了否定性批判，指出，"从前的一切唯物主义（包括费尔巴哈的唯物主义）的主要缺点是：对对象、现实、感性，只是从**客体**的或者**直观的形式**去理解，而不是把它们当做**感性**的人的活动，当做**实践**去理解，不是从主体方面去理解。因此，和唯物主义相反，唯心主义却把能动的方面抽象地发展了，当然，唯心主义是不知道现实

---

① 《马克思恩格斯文集》第 10 卷，人民出版社 2009 年版，第 599 页。

的、感性的活动本身的"①。这一观点锋芒所向，不仅是针对西方哲学而言，而是对包括西方文论在内的西方整体知识体系的批判，开辟了将西方传统哲学理论思路进行彻底变革的理论道路。马克思在此后创建马克思主义，完成了这个彻底变革。从文艺理论而言，按照马克思的观点，就是要从根本上改变过去西方文论的思维路径、言说方式。马克思指出，过去的唯物主义哲学在研究文学艺术等一切对象时，都没有把它们"**当做感性**的人的活动，当做**实践**去理解"，而唯心主义哲学则根本"不知道现实的、感性的活动本身"，无视文学艺术是人类社会生活的实践活动这个基本事实。文艺活动是人类社会实践活动不可缺少的重要组成部分这个基本事实被传统西方文论遮蔽了，马克思去掉这个遮蔽，把研究文艺的立足点放置在对人的实践活动的感性存在和发展的辩证唯物主义基点上，一改传统西方文论以唯心主义哲学主导，在主观内心世界寻找文艺问题的根源的错误方向，批判了传统唯物主义哲学没有从文艺活动的实践活动出发、割裂文艺感性基础的僵化体系，用新的世界观来研究文艺，实现了文艺理论的伟大变革。

马克思恩格斯年轻时参加过"青年黑格尔小组"，不久就从民主主义转向共产主义，他们创建马克思主义的时候，面前

---

① 《马克思恩格斯文集》第1卷，人民出版社2009年版，第499页。

耸立着一座理论山峰，就是盛极一时的黑格尔哲学。黑格尔在大学开设"美学或艺术哲学"的课程，其讲稿在他逝世后由学生整理出版，这就是收入黑格尔哲学全书的《美学》。翻检马克思恩格斯的文艺论述，他们对黑格尔的《美学》评价甚高。恩格斯认为，在西方所有时代中，黑格尔是最有学问的人，他的哲学全书包含精神现象学、逻辑学、自然哲学、精神哲学，而精神哲学又分为各个历史类别来加以研究，如历史哲学、法哲学、宗教哲学、哲学史、美学等。"在所有这些不同的历史领域中，黑格尔都力求找出并指明贯穿这些领域的发展线索；同时，因为他不仅是一个富于创造性的天才，而且是一个百科全书式的学识渊博的人物，所以他在各个领域中都起了划时代的作用。"① 同时，恩格斯又指出黑格尔美学文论的根本缺失在于黑格尔的文艺理论同他的哲学一样，其形式"抽象和唯心"，文艺实践活动客观存在的"真正的关系因此颠倒了，头脚倒置了"②。黑格尔的文艺理论是古希腊罗马以来西方文艺理论的一个划时代的知识汇聚，而他对西方文艺丰厚的知识积累，对辩证法的精深运用，对文艺发展演变的宏伟历史感，这一切都成为马克思恩格斯对西方文论全部知识批判吸收

① 《马克思恩格斯文集》第4卷，人民出版社2009年版，第272页。
② 《马克思恩格斯文集》第2卷，人民出版社2009年版，第602页。

的历史前提。

马克思主义诞生以前的文艺理论，辩证法与唯物主义长期处于分离状况，在文论中有突出贡献的柏拉图、康德、黑格尔都有唯心主义的外壳，亚里士多德游移于唯心主义与唯物主义之间。马克思科学地剥离了黑格尔的唯心主义外壳，把辩证法的内核建立在唯物主义基础上，创立了辩证唯物主义与历史唯物主义的完整、正确的思想理论，以此作为研究文学艺术的思想利器，在人、社会、历史的交互视野中，在人类社会全部历史发展的背景下，对文学艺术的产生、发展、性质、功能、特征以及具体的艺术活动过程进行分析，对美学和文艺理论的基本问题做出了前所未有的科学回答，扭转了西方美学文论长期以来脱离人类社会实践活动，脱离广大人民群众，脱离审美和文艺实践活动的方向，在西方思想史、美学史、文论史上进行了伟大变革。

传统西方文论由于主要是哲学家文论，而这些哲学无论是唯物主义或是唯心主义，都没有正确地把文艺看作人类社会实践活动，缺少对文艺实践活动具体深入的研究，因此理论脱离文艺实践的问题相当突出。美国文论史家韦勒克说，"文学史上始终存在着理论和实践的巨大鸿沟。三百年来（指从 15 世纪文艺复兴到 18 世纪启蒙运动——引者注）人们翻来覆去说的是亚里士多德和贺拉斯的看法，辩来辩去还是这些看法，而且把它们编入教材，铭记于心——而实际的文学创作却完全独立地走着自己的路"①。这种状况使马克思恩格斯面对的当时西方文论的全部知识只是西方思想史、哲学史的一个分支，是西方某些哲学派别对文学艺术所做的脱离文艺实践活动的纯粹理论阐释。

马克思和恩格斯都是有极高文学艺术素养的理论家。马克思的女婿拉法格回忆道：马克思"能背诵海涅和歌德的许多诗歌，并且常在谈话中引用他们的句子；他经常研读诗人们的著作，从整个欧洲文学中挑选诗人；他每年总要重读一遍埃斯库罗斯的希腊原文作品，把这位作家和莎士比亚当作人类两个最伟大的戏剧天才来热爱他们。他特别热爱莎士比亚，曾经专门研究过他的著作，连莎士比亚作品中最不惹人注意的人物他都很熟悉"②。海因里希·格姆科夫在《恩格斯传》中说，青年恩格斯酷爱文学，深入钻研了歌德的许多诗歌，并以自己的文学才华，写作了不少诗歌。当然，他并没有去做专门的诗人，但是对于文学作品的高度鉴赏力却保持了一生。③尽管马

① ［美］雷纳·韦勒克：《近代文学批评史》第 1 卷，杨岂深、杨自伍译，上海译文出版社 1987 年版，第 7 页。

② 陆梅林辑注：《马克思恩格斯论文学与艺术》（二），人民文学出版社 1983 年版，第 327 页。

③ 参见［德］海因里希·格姆科夫《恩格斯传》，生活·读书·新知三联书店 1980 年版，第 17—18 页。

克思恩格斯个人都有诗人的文学才华，都曾经有成为诗人的意愿，但是他们毕生的主要精力都放在对资本主义社会中实现人类解放的理论和实践探索之中，都没有写出文艺理论的专门著作，而在他们留下来的文献遗产中，则有大量关于文艺的论述。苏联理论家里夫希茨根据苏共中央马克思主义研究院出版的第一版和第二版两种《马克思恩格斯全集》为底本，选编了《马克思恩格斯论艺术》（两卷本，苏联国家艺术出版社1957年第二版，中译本由人民文学出版社在1960—1966年分为四册出版，中文字数总计为1235万字）。在这上千万字的文艺论述中，有大约四分之三的篇幅是对从原始艺术开始，到古希腊罗马文艺，再到中世纪、文艺复兴时期，以及17世纪、18世纪和19世纪的文艺思潮、作家、作品等具体文学实践活动的论述，涉及的国家有希腊、意大利、英国、法国、德国、西班牙、俄国等，几乎遍及欧洲各主要国家。而他们对专门的西方文艺理论专著发表的意见却寥寥无几。文艺实践是文艺理论由之产生的本源，回到理论的本源之地，对具体的文艺创作、作家、作品、思潮流派等活生生的事实的评头论足，条分缕析，是文艺理论创新活力所在。马克思恩格斯的文艺思想是以渊博的世界文学艺术知识为基础的。他们的每一部重要理论著作几乎都可以看到对文学作品的引用。马克思在《资本论》中说，"商品的价值对象性不同于快嘴桂嫂，你不知道对它怎么办"。莎上比亚《亨利四世》中的酒店女店主快嘴桂嫂说，"我是个老老实实的女人，从来不会藏头盖脸的"。马克思用不同于"快嘴桂嫂"的面目一清二楚来比喻商品价值对象性被遮蔽、不易察觉的特征，说明"每一个商品不管你怎样颠来倒去，它作为价值物总是不可捉摸的"。[①] 1844 年马克思恩格斯合著的第一部著作《神圣家族》用四分之一以上篇幅对法国作家欧仁·苏 1842 年出版的小说《巴黎的秘密》做了深刻剖析，第一次阐明不能以主观理念只能以客观的社会生活实际作为衡量文艺作品价值的尺度。他们对欧洲从古希腊以来一直到 19 世纪文学的若干具体论述都贯穿着马克思主义的文艺思想，不仅指明了艺术在人类社会中是被社会存在决定和制约的意识形态形式，而且通过希腊神话和史诗成为希腊乃至欧洲文艺发展的深厚土壤这一事实，阐述了艺术作为精神生产的发展与物质生产发展有不平衡的特征，有自身相对的独立性。这些科学论断都大大超越了以往文艺理论的视野，成为文艺科学的新成果。他们留下的这些文艺理论遗产，非常明确地以文艺实践活动事实为基础，以文艺实际创作活动为中心，以西方文学艺术实践发展的历史脉络为主线，广泛研究欧洲广大地域中各个国家的代表作家、作品，在精细地研究文艺活动

---

① 《马克思恩格斯文集》第 5 卷，人民出版社 2009 年版，第 61 页。

的事实基础上，进行文论的论述与建构，扭转西方文论长期以来主要甚至单纯以哲学理论为先导，按照哲学思想框架、概念，人为地强制解释文艺实践活动的理论路径，开创了马克思主义文论从文艺实践出发，在一切文论的真正源头上进行文论探索和建构的正确道路。

马克思恩格斯的文艺思想与此前世界各国的文艺思想有一个重要界限，就是他们有不同于以往文论家的新的研究对象。在他们的时代出现了无产阶级革命和无产阶级自己的文艺，这个新的时代和新的文艺成为马克思主义文论所面对的最重要的研究对象。不是说其他非马克思主义文论没有这个对象，这个对象是客观存在的，但是一切没有无产阶级立场、没有马克思主义世界观的理论家对此是视而不见的，不予重视与研究。马克思创立的新的世界观有赋予无产阶级伟大的历史使命，通过社会革命建立新的社会主义、共产主义社会的科学社会主义理论。从这一理论出发，马克思恩格斯关注当时在无产阶级革命时代背景下产生的社会主义文艺的现状，要求现时代的文艺作品表达无产阶级干革命、求解放的心声，动摇现行资本主义社会秩序，深刻地表现时代发展的趋势。1844 年德国西里西亚织工发动武装起义，进军时歌唱一首诗歌《血腥的屠杀》又名《织工歌》，反映织工对厂主的憎恨和他们的反抗情绪。马克思立即看到社会主义文艺作品具有让无产阶级认识到自己阶级本质的重大作用。1859 年马克思恩格斯对斐迪南·拉萨尔剧本《弗兰茨·冯·济金根》的评论，1888 年恩格斯对哈克奈斯《城市姑娘》和考茨基夫人《旧与新》等小说的评论，都是对当时历史条件下社会主义文学的评论，他们看到了这些作品与资产阶级文艺的区别，但是又看到这些作者在创作思想上还没有确立社会主义文艺创作的原则。他们的评论创新了马克思主义文艺创作和文艺批评的原则方法，对西方文论和世界文论都是重要的推动和发展。无产阶级代表着历史发展的未来，不仅需要用血与火的斗争实践来夺取胜利，而且在革命中也需要用文艺作品来讴歌自己的伟大斗争。过去不是没有底层被压迫人民的文艺作品存在，但是这些作品从来就不会进入文论家的法眼，成为文艺理论研究的对象。这一点彻底颠覆了过去时代文艺理论的价值取向，成为建设和发展新的为无产阶级和人民群众服务的文艺的指南。

总之，马克思恩格斯在对西方文论全部知识批判吸收的前提下，开辟了马克思主义文论新的理论道路。这个理论道路以历史唯物主义理论为指导研究文艺活动，开辟了新的理论立足点、新的阐释体系，并且扭转了传统文艺理论脱离实际的错误方向。面对文艺活动实际，提出和分析问题，特别是面对社会主义文艺发展的新现实，创新文艺创作和文艺批评的原则方法，为人类文艺理论的健康发展指明了方向。

（二）　马克思主义的核心思想奠定
马克思主义文论的理论基石

文艺理论作为一种文化学术理论以文艺活动为对象，研究文艺实践的一系列问题：文艺为什么和如何起源、存在和发展，什么是文艺的基本特征，作家艺术家为什么和如何创作，文艺作品如何制作、生产，观众、读者为什么和如何欣赏文艺作品，特别是哪些文艺作品具有引人入胜的魅力，为什么具有这些持久魅力而成为人类文化的瑰宝，等等。这是一切文艺理论都需要研究和回答的问题，马克思主义经典著作奠定了马克思主义文论回答和解决这些问题的理论基石。

马克思恩格斯没有文艺学、美学的专著，这是一个事实。对此，一般性的回答是马克思恩格斯把毕生精力投入研究无产阶级解放的重大经济、政治问题的研究中，没有或者来不及专门写下文论著作。这种说法是以现在的学术学科分类的观念来看待马克思主义奠基人的经典著作。现在的学科分类，把美学、文艺理论和哲学、经济学等严格区分开来，自有其道理，但是仅从这个角度去看马克思恩格斯有没有完整的文艺理论思想是片面的。1857 年 5 月，美国出版家、《纽约每日论坛报》编辑查理·德纳请马克思为组稿中的《美国新百科全书》撰写一些条目，其中有"美学"这个条目，要求马克思按照黑格尔的观点"透彻地"阐述美学。为此，马克思在 1857 年研究了弗里德里希·泰纳多尔·费舍的三卷本《美学》，并从该书和迈耶尔的《美学大辞典》（1840 年版）中做了主要有关美学史的摘要。由于马克思恩格斯都认为，德纳的写作要求不合理，"怎么可能用一页篇幅来按黑格尔的观点'透彻地'阐明美学①，而且由于马克思在此期间，正在专注地撰写政治经济学著作，他在无法完成《美国新百科全书》的稿件时说，"我无论如何必须完成其他的工作，哪怕是整个房子塌下来压在我的头上也要完成；而这些工作却要占去**全部时间!**"② 这个占去他全部时间，房子倒塌压在头上都要继续完成的工作是他的政治经济学研究，是以政治经济学研究为基石的对人类社会的整体研究。马克思没有完成德纳撰写"美学"条目的要求，但是他把对美学和艺术问题的思考纳入了他的政治经济学著作的写作。有的学者研究马克思对费舍《美学》的摘要时认为，马克思把美学作为撰写《政治经济学批判》《资本论》等书的必要准备工作。③ 正是在 1857 年 8 月，马克思在《〈政

---

① 《马克思恩格斯全集》第 1 版第 29 卷，人民出版社 1972 年版，第 135 页。
② 同上书，第 241 页。
③ 见《卡尔·马克思：泰奥多尔·费舍〈美学或美的科学〉一书摘要》，锁贵等译，《文艺理论与批评》1994 年第 2 期。

治经济学批判〉导言》手稿中论述"政治经济学的方法"时，提出人类也用艺术精神掌握世界的重要观点，论述"生产、消费、分配、交换"的关系，在涉及"国家形式和意识形式同生产关系和交往的关系"这个问题时，写下了他关于"物质生产的发展例如同艺术生产的不平衡关系"的著名美学文论论述。这表明马克思关于美学和文艺理论的思想是与他的政治经济学研究结合在一起的，是马克思主义整体理论的一个组成部分。他对黑格尔《美学》的驾轻就熟的掌握，对费舍、迈耶尔美学著作的阅读、摘要等，都是他对由生产方式为经济基础建立的整个社会系统进行全面研究的一个部分。马克思恩格斯虽然没有写出美学文论专著，但是马克思主义的整体理论包含美学和文艺理论，马克思主义文论包含在马克思主义经典著作之中。

在中外历史上，凡是对人类文化做出最突出贡献的思想家，往往被尊为人类的导师，如西方的柏拉图和中国的孔子等。他们的思想是百科全书式的，涉及人类的生存、发展，社会的结构、规范，人生的处境与愿景，自然与历史的规律等重大问题，而这些问题正是人类包括文学艺术在内的一切文化不能离开的根本依托，他们对文艺问题的思考往往是在这样的整体思维框架中进行的，文艺是他们思考人类重大问题的一个重要依据，因此他们对文艺问题的一些见解，虽然并没有独立成为专著，并不严格地合乎目前文艺学、美学学科理论的学术规范，但是他们某些片言只语的文艺论述现在已经成为具有学科体系的文艺理论的重要资源和理论支撑。《论语》记载孔子泛论人生社会的语录，而其中关于《诗经》的论述，如"诗可以兴，可以观，可以群，可以怨"等论述，已经成为中国古代文论的经典名言。这些名言中包含的文艺思想也只能在《论语》的整体文化哲学思想中得到理解和把握。

在马克思直接继承的德国古典哲学中，其代表人物康德、黑格尔的理论体系都是建立在对世界和人类完整认识的基础上的整体哲学，康德的三大批判是一个完整的哲学体系，其中在《判断力批判》中论述了他的美学理论，黑格尔在他的哲学全书中有《美学》专著。马克思在创建他的理论体系中发现了人类整体发展的历史规律，重建了人们对自然、人类、社会的正确认识，即重建了人们观察认识自然界、人类自身和社会的整体及其各个主要方面的正确认识，这里就包括对社会生活和文化生活的知识的重建。因此，尽管他没有或者来不及写出美学文艺理论专著，但是在他和恩格斯著作中就包含认识文学艺术的马克思主义文艺理论。

来自马克思恩格斯经典著作中的马克思主义的核心思想是马克思主义文论的根本标志。

由于马克思本人在理论上的杰出贡献，在马克思生前就有马克思主义一语流传。而对以马克思的英名命名的这个思想体系的核心内容阐释得最为准确的,是共同创立这一伟大学说的恩格斯。恩格斯在《社会主义从空想到科学的发展》(1880)中论述了马克思主义的两个核心思想。

一是关于生产方式的一般理论,即人类社会的基础结构是生产方式,生产方式是社会演变和发展的形式,社会制度的变化是由生产方式的变化引起的,等等。恩格斯指出,"唯物主义历史观从下述原理出发:生产以及随生产而来的产品交换是一切社会制度的基础;在每个历史地出现的社会中,产品分配以及和它相伴的社会之划分为阶级或等级,是由生产什么、怎样生产以及怎样交换产品来决定的。所以,一切社会的变迁和政治变革的终极原因,不应当到人们的头脑中,到人们对永恒真理和正义的日益增进的认识中去寻找,而应当到生产方式和交换方式的变更中去寻找;不应当到有关时代的哲学中去寻找,而应当到有关时代的经济中去寻找"①。

二是运用历史唯物主义关于生产方式的理论,对人们身处的现实社会进行分析,建立关于资本主义社会生产方式的理论,指明资本主义主要的阶级、阶级关系,工人阶级反抗资本统治的斗争的正义性,以及从现实社会发展到一个不同于资本

---

① 《马克思恩格斯文集》第3卷,人民出版社2009年版,第547页。

主义社会的新的社会制度的历史可能性。恩格斯指出，在现代社会，"社会的产品被个别资本家所占有。这就是产生现代社会的一切矛盾的基本矛盾"①。只有通过无产阶级革命，才能根本解决这个矛盾："无产阶级将取得公共权力，并且利用这个权力把脱离资产阶级掌握的社会化生产资料变为公共财产。""人终于成为自己的社会结合的主人，从而也就成为自然界的主人，成为自身的主人——自由的人。""完成这一解放世界的事业，是现代无产阶级的历史使命。"② 这也是马克思主义理论的任务。

以上两点正是马克思的伟大发现。恩格斯说："这两个伟大的发现——唯物主义历史观和通过剩余价值揭开资本主义生产的秘密，都应该归功于马克思。由于这两个发现，社会主义变成了科学。"③

恩格斯多次为马克思的著作作序，而马克思为恩格斯著作写序言极为罕见。然而，马克思却为恩格斯论述以马克思命名的马克思主义理论的这本书《社会主义从空想到科学的发展》，用法文郑重地写下了一篇序言，赞扬此书是"科学社会主义的入门"。这就是说，马克思本人所承认的马克思主义必

---

① 《马克思恩格斯文集》第3卷，人民出版社2009年版，第566页。
② 同上书，第545—546页。
③ 同上书，第493页。

须恪守这两个核心思想，否则，马克思就会说"我自己不是马克思主义者"。

这两点也正是马克思主义文艺理论的核心思想。世界上有形形色色影响较大的文艺理论，当代除了马克思主义文论，还有存在主义文论、现象学文论、解释学文论、精神分析文论、结构主义文论、后殖民文论、女性主义文论，等等。这些文论之间的根本区别并不在它们各自有什么具体的文学主张，比如是主张现实主义或是现代主义、后现代主义等，而是在于它们有各自冠之以其名目的来自原发基础理论的不同核心思想。所以，马克思主义文论的根本标志不在于具体文学主张，而在于它必须是马克思主义整体的一个组成部分。马克思主义文论的根本标志并不来自美学和文学理论的一般知识，而是由马克思原创的在马克思恩格斯经典著作中阐释的这两个核心思想。

当然，这两个核心思想本身不是文学理论的直接论述，但是马克思主义关于社会发展演变的根本思想对于社会中包括文学艺术在内的所有现象都具有深刻的解释能力。只有用这两个核心思想作为立场观点方法来研究和论述文艺活动的具体问题，才能成为马克思主义文论。马克思主义的第一个核心思想提供了解释文学艺术产生、存在和发展的社会基础的理论，对文艺的社会属性做了深刻论断。第二个核心思想提出了文学艺术在无产阶级完成肩负的历史使命，进行社会主义革命和建设中发挥意识形态功能的理论。它们共同成为一百多年以来马克思主义文论得以建构和发展的基础，为马克思主义文论的产生和发展提供了世界观、美学观和方法论。这两个核心思想也是我们鉴别什么是真正的马克思主义文论的一个判断标准。

目前，世界上有一些左翼激进文艺理论，它们批判现代资本主义，但是同时有些并不坚守辩证唯物主义与历史唯物主义原理，有些对社会主义取代资本主义的社会发展前景抱有怀疑态度，对共产主义理想提出质疑和批评，显然不能简单地列为马克思主义文论。

在马克思主义经典著作中，马克思恩格斯对文学艺术的论述处处闪耀着这两个核心思想的灿烂光辉，这些论述是他们用历史唯物主义所建树的新的文艺理论，对于马克思主义文论的建构和发展提供了世界观、美学观和方法论的典范。马克思主义的这两个核心思想构成马克思主义文艺理论对文艺本质属性和重要功能的深刻认识。

马克思说："物质生活的生产方式制约着整个社会生活、政治生活和精神生活的过程。不是人们的意识决定人们的存在，相反，是人们的社会存在决定人们的意识。"[1]历史唯物主义世界观首先要求，必须以生产方式作为社会存在的基础的

---

① 《马克思恩格斯文集》第2卷，人民出版社2009年版，第591页。

理论来认识文学艺术的性质和功能，认识文学艺术产生、存在和发展的社会存在基础，以生产方式作为分析一切文学艺术现象的归根结底的理论出发点。文学艺术的存在和发展任何时候都与社会的生产方式为基础的社会存在具有不可脱离的联系。同时，在研究生产的诸种关系时，要注意"物质生产的发展例如同艺术发展的不平衡关系"。"困难不在于理解希腊艺术和史诗同一定社会发展形式结合在一起。困难的是，它们何以仍然能够给我们以艺术享受，而且就某方面说还是一种规范和高不可及的范本。"① 文学艺术等文化精神现象受到特定时代生产方式的决定和制约，但是由于人类的生产方式具有连续性，文学艺术在随同生产方式的变化而发展时，也具有自身的连续性，那就是伟大文学所具有的永恒的艺术魅力。这种魅力是人们已经形成为共识的对艺术的最重要的特征和审美经验，这就是艺术的审美属性。文学艺术因为其具有审美属性而被人类社会共同体认为是艺术。马克思在政治经济学研究中建立的历史唯物主义理论得出的这两个重要结论，成为后来马克思主义文论认识文学基本性质的两个主要维度：文学艺术一方面具有意识形态形式的社会属性，另一方面在始终受社会生产方式制约的同时具有人类审美活动特征的精神活动性质。文学艺术

---

① 《马克思恩格斯文集》第 8 卷，人民出版社 2009 年版，第 34—35 页。

是社会的意识形态形式与人类必然进行的审美的精神活动的有机融合。无论是文艺的社会意识形态形式的属性还是审美活动的属性，都是马克思在政治经济学研究中得出的关于文艺性质的结论，都是历史唯物主义的题中应有之义。

恩格斯指出，"因为马克思首先是一个革命家。他毕生的真正使命，就是以这种或那种方式参加推翻资本主义社会及其所建立的国家设施的事业，参加现代无产阶级的解放事业，正是他第一次使现代无产阶级意识到自身的地位和需要，意识到自身解放的条件。斗争是他的生命要素"①。文学艺术在这场伟大革命中，要让无产阶级认识到自己的本质，激发人们为实现人的自由解放而奋斗。这是马克思主义文论的实践性品格。恩格斯1893年为《共产党宣言》意大利版写下的序言中说，"《宣言》十分公正地评价了资本主义在先前所起过的革命作用。意大利是第一个资本主义民族。封建的中世纪的终结和现代资本主义纪元的开端，是以一位大人物为标志的。这位人物就是意大利人但丁，他是中世纪的最后一位诗人，同时又是新时代的最初一位诗人。现在也如1300年那样，新的历史纪元正在到来。意大利是否会给我们一个新的但丁来宣告这个无产

---

① 《马克思恩格斯文集》第3卷，人民出版社2009年版，第602页。

阶级新纪元的诞生呢?"① 他们始终期望在无产阶级革命的时代，如同当年文艺复兴时期意大利作家但丁的《神曲》在资产阶级革命时期所发挥的作用一样，作家艺术家以优秀文艺作品宣告无产阶级新纪元的开端。他们始终认为，无产阶级具有改造旧世界的创造能力、阶级意识和革命意志，足以肩负推翻资本主义社会，建立社会主义、共产主义社会的伟大历史使命。而作家艺术家在这个时代，应该坚定不移地站在无产阶级和广大人民群众一边，创造出无愧于时代伟业的文艺作品，毫不妥协地批判资本主义，争取实现建立不同于资本主义的新的社会制度的斗争的胜利。

这一点揭示了马克思主义文论关于文学艺术的社会作用、功能的观点。文艺在反对资本主义制度、争取人类自由解放的伟大革命事业中，具有激发无产阶级的阶级自觉意识、表达人民大众心声、鼓舞斗争意志的作用。这就是文艺的社会意识形态功能。

总而言之，马克思恩格斯坚持把文学艺术定位于社会意识形态形式，把生产方式为基础的社会现实作为认识包括文艺问题在内的一切文化现象的根本出发点，同时又坚持从社会一切事物都具有特殊属性的辩证法出发，主张不能简单地把文艺与

① 《马克思恩格斯文集》第 2 卷，人民出版社 2009 年版，第 27—29 页。

其他社会意识混同，充分肯定文艺的特殊审美属性，在一般性与特殊性的辩证统一中指出认识文学艺术本质属性的两个基本维度，即文艺的本质属性既有社会意识形态的一般性质，又有作为文艺特殊性的审美性质。同时，坚持任何文化都具有社会意识形态的价值属性和功能，充分发挥文艺在批判旧世界，建设取代资本主义的新的社会制度，争取实现无产阶级和全人类解放的意识形态作用。

马克思主义关于文艺性质和功能的这些观点根源于马克思主义的两个核心思想，是马克思主义文论的世界观、美学观和方法论。马克思恩格斯在他们的经典著作中分析论述任何文艺的具体问题时，都是从历史唯物主义关于文艺性质和功能的根本看法提出问题和分析问题的。

下面本书就依据马克思恩格斯为马克思主义文论所奠定的基本的理论立场，概述马克思恩格斯经典著作中的主要文艺思想。

二 马克思恩格斯奠基的马克思 主义文论的主要思想

恩格斯说，"我们的历史观首先是进行研究工作的指南，并不是按照黑格尔学派的方式构造体系的诀窍。必须重新研究全部历史，必须详细研究各种社会形态存在的条件，然后设法从这些条件中找出相应的政治、私法、美学、哲学、宗教等等的观点"①。文艺活动是美学研究的一个重点问题。文艺理论在一定程度上是美学理论在具体文艺活动中的论述形态。恩格斯在这里谈到了必须在用新的唯物主义研究全部人类历史的基础上才能确立历史唯物主义关于美学的观点的研究思路。马克思恩格斯经典著作中的文艺思想正是这样形成的。他们是在重新审视人类的全部历史、文艺的全部历史，分析文艺在各种社会形态中存在条件的基础上，研究具体文艺现象如何在历史条

---

① 《马克思恩格斯文集》第10卷，人民出版社2009年版，第587页。

件中出现、在社会关系中展示、在社会生活中发生作用等一系列环节基础上，才提出他们的文艺思想的。下面着重分析马克思恩格斯用这种一切历史化、始终历史化的方法论提出的三个方面的文艺思想。

（一） 文艺在整体社会结构中是人类精神生活中的社会意识形态形式

任何一种自成体系的文艺理论都不能回避什么是文艺的问题，都要对文艺的性质做一个明确的界定。马克思主义文论对文艺性质的根本看法来自历史唯物主义的经典论述。马克思从1844 年明确地成为一个共产主义者，并且形成包括文艺活动在内的任何主观精神活动都不能从主观观念意识上进行解释，而必须以客观社会的物质生产作为基础去寻找答案的新的唯物主义思路。经过 15 年艰辛研究，马克思的《政治经济学批判》第一分册在 1859 年 6 月出版。这一历史巨著在对人类全部实践活动，特别是对人类生产全部历史研究的基础上，发现了人类历史发展规律，创立了历史唯物主义。马克思在《〈政治经济学批判〉序言》中宣告了这一重大发现。这既是对人类历史发展整体规律的揭示，又是对文学艺术性质的历史唯物主义的界定，是马克思主义对文艺基本性质的重要理论论述。

马克思说："我所得到的，并且一经得到就用于指导我的研究工作的总的结果，可以简要地表述如下：人们在自己生活的社会生产中发生一定的、必然的、不以他们的意志为转移的关系，即同他们的物质生产力的一定发展阶段相适合的生产关系。这些生产关系的总和构成社会的经济结构，即有法律的和政治的上层建筑竖立其上并有一定的社会意识形式与之相适应的现实基础。物质生活的生产方式制约着整个社会生活、政治生活和精神生活的过程。不是人们的意识决定人们的存在，相反，是人们的社会存在决定人们的意识。社会的物质生产力发展到一定阶段，便同它们一直在其中运动的现存生产关系或财产关系（这只是生产关系的法律用语）发生矛盾。于是这些关系便由生产力的发展形式变成生产力的桎梏。那时社会革命的时代就到来了。随着经济基础的变更，全部庞大的上层建筑也或慢或快地发生变革。在考察这些变革时，必须时刻把下面两者区别开来：一种是生产的经济条件方面所发生的物质的、可以用自然科学的精确性指明的变革，一种是人们借以意识到这个冲突并力求把它克服的那些法律的、政治的、宗教的、艺术的或哲学的，简言之，意识形态的形式。我们判断一个人不能以他对自己的看法为根据，同样，我们判断这样一个变革时代也不能以它的意识为根据；相反，这个意识必须从物质生活的矛盾中，从社会生产力和生产关系之间的现存冲突中去解释。"①

这段话是马克思对历史唯物主义最为经典的理论表述，是马克思主义经典著作的精粹之言。历史第一次被置于它的真正基础上：一个很明显的而以前完全被人忽略的事实，即人们首先必须吃、喝、住、穿，就是说首先必须从事物质生产劳动，然后才能形成政治机构，从事文艺活动等。这一明显的事实在此时终于被科学地揭示出来。恩格斯在1859年8月发表了对该书的书评。恩格斯说，《序言》中的这一论断，提出了一个"划时代的历史观"，这是"新的唯物主义世界观的直接的理论前提，单单由于这个历史观，也就为逻辑方法提供了一个出发点"②。根据历史与逻辑统一的辩证法思想，对全部历史研究得出的科学结论可以成为在历史中存在和发展的文艺理论等学科理论推演的逻辑出发点。因此，在马克思的这一经典论述中，关于艺术是社会意识形态形式的观点对文艺性质做了科学界定，是马克思主义文艺理论的"直接的理论前提"和逻辑出发点。

在马克思这一段经典论述中，对于文艺作为社会整体结构中的意识形态形式有如下观点。

---

① 《马克思恩格斯文集》第2卷，人民出版社2009年版，第591—592页。
② 同上书，第602页。

第一，"物质生活的生产方式制约着整个社会生活、政治生活和精神生活的过程。不是人们的意识决定人们的存在，相反，是人们的社会存在决定人们的意识。"因此，社会存在决定和制约文艺，文艺不能单纯地从精神生活领域得到解释，必须把文艺放置在生产方式为基础的社会存在总体中才能得到正确解释。这一论述的重要性是把人们过去一直在无意识状况中发生的精神生活受物质生活决定的事实从理论上给予明确的阐述。

社会存在是人们生存的现实生活或生活现实，现实生活有多种层面，可以区分为物质生活、政治生活和精神生活。在马克思主义诞生之前的一切理论都把认识文艺的出发点放置在精神生活或政治生活之上。亚里士多德说，人是政治的动物，强调政治在现实生活中的核心作用；黑格尔认为，人是主观精神的动物，主张精神特别是世界的本源绝对精神对于现实生活的决定性作用。历史唯物主义则认为是"物质生活的生产方式制约着"人们的生存现实，包含文艺在内的精神生活受"物质生活的生产方式"制约，因此认识文学艺术一切问题的出发点是"物质生活的生产方式"。这种历史观和唯心主义历史观对文艺的解释不同，它不是在主体意识中为文艺的存在寻找某种精神根源和知识范畴，而是始终站在现实历史的基础上去认识文艺。只有理解了文艺活动发生和进行之时相应的时代物质生活条件，并且从这些物质条件中引申出文艺活动存在条件时，这些文学活动才能被透彻地理解。

原始人类面对荒漠无垠的自然界，首先进行维持生存的物质生产，在一定物质生活的基础上才开始了包括文学艺术活动在内的精神生活。物质生产劳动显然先于艺术活动而存在。中国古老的《弹歌》："断竹，续竹；飞土，逐宍（肉）。"[1] 描绘了先民狩猎生活，砍伐山野翠竹，制成弹弓，发射弹丸，捕击猎物。这种粗放、简短的古老歌谣后来为文人骚客雅致、精美的唐诗宋词所超越，北宋苏轼的《江城子·密州出猎》："老夫聊发少年狂，左牵黄，右擎苍。锦帽貂裘，千骑卷平冈。"[2] 时隔上千年的社会生活变迁，狩猎题材的诗歌在内容和形式上的巨大变化，语言简洁质朴的短章演变为音韵格律严整的长短句，表现了原始部落以简陋生产手段狩猎谋生到宋代经济繁荣时都市官员以狩猎郊游的历史条件变化，印证文艺随着社会存在发展而发展的历史轨迹。

文艺从整体上看是人类的精神活动，而现实的文艺创作和欣赏则是由个体进行的独特的审美活动，"夫缀文者情动而辞

---

① （东汉）赵晔撰：《吴越春秋》，吴青峰点校，齐鲁书社 2000 年版，第128 页。

② 《苏轼诗词选》，孔凡礼等选注，中华书局 2005 年版，第 232 页。

发，观文者披文以入情"①，创作者与欣赏者通过作品进行情感、想象和心灵的交流与互动。这是文艺活动的事实，但是不能简单地认为，文艺活动纯粹是与社会无关的个人审美心理活动。作为社会意识形态形式的文艺活动，贯穿于其中的个人情感、幻想等感性心理以及蕴含其中的思想方式、人生观等理性因素，则是建立于个人在社会关系中的地位等生存条件上。离开了由生产方式奠定的社会关系，就无从认识和理解文艺活动中个体审美经验的内在实质。马克思指出，"在不同的财产形式上，在社会生存条件上，耸立着由各种不同的、表现独特的情感、幻想、思想方式和人生观构成的整个上层建筑。整个阶级在其物质条件和相应的社会关系的基础上创造和构成这一切。通过传统和教育承受了这些情感和观点的个人，会以为这些情感和观点就是他的行为的真实动机和出发点"②。18 世纪英国作家笛福的《鲁滨孙漂流记》描写了一个英国人在大洋中遇到海难，孤身漂流到一个杳无人烟的荒岛上，在荒岛上建屋开荒，制造家具，打猎捕鱼，有条不紊地从事各种赖以为生的劳动。小说描写鲁滨孙自己"井井有条地安排好各项工作的时间。例如，首先我规定好时间：一天三次祈祷上帝；其次

---

① 范文澜注：《文心雕龙注》下册，人民文学出版社 1962 年版，第 715 页。
② 《马克思恩格斯文集》第 2 卷，人民出版社 2009 年版，第 498 页。

是带上枪出门寻找食物，早上时间进行，不下雨的话，要花三个小时；再次，如果外出有所捕获，就把猎物加工处理，或晒干收藏或烹煮一番，作为食物。这件事要花去我每天的大部时间"①。他认为，开始做一件事的时候，若不是预先计算一下需要多少代价，若不是预先对自己的力量做一个正确的估计，那真是太愚蠢了。马克思在《资本论》中分析了鲁滨孙的这种做法，指出是鲁滨孙的生存"需要本身迫使他精确地分配自己执行各种职能的时间。在他的全部活动中，这种或那种职能所占比重的大小，取决于他为取得预期效果所要克服的困难的大小。经验告诉他这些，而我们这位从破船上抢救出表、账簿、墨水和笔的鲁滨孙，马上就作为一个道地的英国人开始记起账来。他的账本记载着他所有的各种使用物品，生产这些物品所必需的各种活动，最后还记载着他制造这种一定量的产品平均耗费的劳动时间。鲁滨孙和构成他自己创造的财富的物之间的全部关系在这里是如此简单明了，……价值的一切本质上的规定都包含在这里了"②。马克思认为，即使鲁滨孙离开了英国的商品生产的环境，但是依然把商品生产的价值规律作为他在荒岛上生存的心理谋划。鲁滨孙的个人动机实际上是由他

① ［英］笛福：《鲁滨逊漂流记》，石伟译，百花洲文艺出版社2013年版，第90页。
② 《马克思恩格斯文集》第5卷，人民出版社2009年版，第94页。

在英国本土的财富占有形式和生存条件铸造的。笛福在创作时和一些读者阅读时也许并没有意识到，鲁滨孙是一个真正的"资产者"的形象。① 他在荒岛上行为的真实动机的根源不是远离社会的情感和观点，而是导致他具有某种情感和观点的社会存在。作家笛福或读者也许并不容易明确地意识到鲁滨孙某些情感和观点背后真实的社会存在，这是文学创作和阅读中常见的情况。马克思在《资本论》中套用赛·巴特勒长诗《休迪布拉斯》第二部第一首中的一句诗"他们没有意识到这一点，但是他们这样做了"② 来说明人们真实的实际行为往往在人们的无意识状况中发生，实际行为的真实动机往往被无意识所遮蔽。卢卡奇把这句话作为《审美特性》的卷首语，意在说明审美活动在人们的无意识审美经验中包含始终为社会生产方式决定和制约的特性。这是一切意识形态形式存在的一个特点。比如马克思说在"宗教世界的幻境中"，"在那里，人脑的产物表现为赋有生命的、彼此发生关系并同人发生关系的独立存在的东西"③。马克思揭示了文艺作为社会意识形式的性质，是新的理论发现。尽管至今有人依然不承认马克思主义文论的这一原理，那只不过是"他们没有意识到这一点，但是

---

① 《马克思恩格斯全集》第 1 版第 36 卷，人民出版社 1974 年版，第 211 页。
② 《马克思恩格斯文集》第 5 卷，人民出版社 2009 年版，第 91 页。
③ 同上书，第 90 页。

他们这样做了"而已。马克思主义文论的优势就在于准确地揭示文艺审美活动中始终存在着不易被人们察知的社会关系的真相和实质。

第二，恩格斯说，经济发展对哲学等意识形态形式"这些领域也具有最终的至上权力，这在我看来是确定无疑的，但是这种至上权力是发生在各个领域本身所规定的那些条件的范围内：例如在哲学中，它是发生在这样一种作用所规定的条件的范围内，这种作用就是各种经济影响（这些经济影响多半又只是在它的政治等等的外衣下起作用）对先驱所提供的现有哲学材料发生的作用。经济在这里并不重新创造出任何东西，但是它决定着现有思想材料的改变和进一步发展的方式，而且多半也是间接决定的，因为对哲学发生最大的直接影响的，是政治的、法律的和道德的反映"[1]。这里所讲的经济基础与哲学关系的论述，同样适用于经济基础与文艺的关系。

由此可以知道，经济基础对文艺决定和制约的影响，多半是间接地发生的，一般来说主要发生在两个方向上。

在纵向层面上，文艺作为意识形态形式在受到社会经济基础的第一性影响时，也有自身在精神生活领域中的独立性。物

---

[1]　《马克思恩格斯文集》第10卷，人民出版社2009年版，第600页。

质生产不能代替精神生产，社会经济基础提供给文艺的是文艺活动进行时的社会基本结构，但经济基础不直接创造文学艺术。文艺的独立性在于它有自身独立的精神生活生产形式，经济基础对文艺的影响必须通过文艺自身的活动才能发生。马克思关于希腊艺术具有永恒的艺术魅力，是希腊艺术的土壤的论述，就指出了文艺具有在社会历史变迁中自身不可变更的审美特性。文艺所具有的审美特性在社会存在发生不断变化的历史长河中始终成为自身不可离弃的东西，失去了审美特性就没有文艺这种意识形态形式。社会经济基础对文艺的影响主要表现在一定时代的经济基础在该时代文艺如何利用审美特性的历史传统时有一种条件限定和发展方向上的引导和规范。这是意识形态形式独立发展在自身模式形态发展变化上的一个重要特点。没有它，也就没有独立的意识形态形式。欧洲文艺复兴运动的发生根源于新兴资本主义生产力对封建主义生产关系的颠覆。但是，文艺复兴的文化运动和艺术的繁荣并不是因为资产阶级生产方式的建立而自动发生的。恩格斯说，"拜占庭灭亡时抢救出来的手稿，罗马废墟中发掘出来的古代雕像，在惊讶的西方面前展示了一个新世界——希腊古代。在它的光辉的形象面前，中世纪的幽灵消逝了，意大利出现了出人意料的艺术繁荣，这种艺术繁荣好像是古典古代的反照，以后就再也不曾达到过。在意大利、法国、德国都产生了新的文学，即最初的现代文学"①。拜占庭文化中有对具有永恒审美和文化价值的古代希腊罗马文化传承的大量成果，一方面流亡的拜占庭学者将包括古希腊和拜占庭时代的许多手稿书籍带往意大利，另一方面许多意大利学者前往君士坦丁堡收集古代书稿和文物。其中最突出的是欧洲第一部现实主义小说《十日谈》作者乔万尼·薄伽丘（1313—1375），他早年从事文学创作，后来师从拜占庭古希腊学者巴尔拉姆（1290—1348）潜心研究古典文学，成为博学的人文主义者，翻译了荷马的作品，在收集、翻译和注释古代典籍上做出重要贡献。他在君士坦丁堡、伯罗奔尼撒地区和爱琴海诸岛收集了许多古希腊文物书籍。这些图书文物对当时知识分子厌弃中世纪文化、创建新兴文化起了思想启蒙作用，推动作家、艺术家选择复兴古希腊罗马文化作为自己创新现代文化的一面旗帜。古希腊罗马文化的代表人物是柏拉图、亚里士多德和贺拉斯。文艺复兴时期最推崇的是亚里士多德。一方面，因为他是一位杰出的思想家。马克思说，"这位研究家最早分析了许多思维形式、社会形式和自然形式，也最早分析了价值形式。他就是亚里士多德"②。另一方面，是因为他的文艺思想中最具有当时人希望用来摆脱神学思想禁锢

---

① 《马克思恩格斯文集》第9卷，人民出版社2009年版，第408—409页。
② 《马克思恩格斯文集》第5卷，人民出版社2009年版，第74页。

的现实性和世俗性。文艺复兴时期对古希腊罗马文化的复兴，最主要的是对亚里士多德哲学、美学的复兴。亚里士多德《诗学》把艺术模仿的对象从柏拉图的精神世界的理式转移为社会现实里行动中的人，指出"喜剧倾向于表现比今天的人差的人，悲剧倾向于表现比今天的人好的人"①。艺术的人物描写参照体系始终是生活在现实中的"今天的人"。文艺复兴对《诗学》的大力研究与张扬是这一时代社会存在的选择。在这样的社会中，人们需要复活古希腊罗马文化中的人文主义精神，使艺术回归古希腊描写人的世俗生活的传统，描写"今天的人"的现世人生，促进反抗中世纪神学统治的思想解放运动。文艺在前进发展时必须对文学传统的审美价值进行传承，而在对艺术遗产传承时做出何种选择则主要接受社会存在归根结底的影响。

在横向层面上，经济基础对文艺的影响不是直接发生的，它往往通过政治、哲学、道德、宗教等其他意识形态形式对文艺发生影响，当然这种影响也必须要通过文艺自身的实践活动才能发生。恩格斯说，在18世纪欧洲，"只有在我国的文学中才能看出美好的未来。这个时代在政治和社会方

---

① ［古希腊］亚里士多德：《诗学》，陈中梅译，商务印书馆1996年版，第38页。

面是可耻的，但是在德国文学方面却是伟大的。1750 年左右，德国所有的伟大思想家——诗人歌德和席勒，哲学家康德和费希特都诞生了。这个时代的每一部杰作都渗透了反抗当时整个德国社会的叛逆的精神"①。歌德和席勒在 18 世纪德国文学中掀起的狂飙突进运动是在康德哲学影响下发生的。这是社会存在对文艺的决定和制约通过意识形态之间的相互影响而实现的文学史事例。海涅的《论德国宗教和哲学的历史》（1834）详述了这个历史过程。该书首先论述德国马丁·路德发动的宗教革命坚持用人类理性来解释《圣经》，在德国传播了启蒙主义的人文精神，使德国产生了精神自由、思想自由的时代风气。这种精神自由的文化思想改变了德国文学的面貌，而且"思想自由开出的一朵重要的具有世界意义的花朵就是德国哲学"②。1781 年哥尼斯堡出版了康德的《纯粹理性批判》，德国开始了精神革命。康德指出只能有三种思辨理性方法来证明上帝存在，但是任何一种方法都不能证明上帝确实存在，人类只能在现象界中认识自己。这一革命性思想使得人类理性精神在德国确立，推翻了长期统治精神领域的自然神论，把德国精神自由的追求推向一个

---

① 《马克思恩格斯全集》第 1 版第 2 卷，人民出版社 1957 年版，第 634 页。

② ［德］海涅：《论德国宗教和哲学的历史》，海安译，商务印书馆 1974 年版，第 42 页。

高峰。由马丁·路德和康德在德国精神生活中引起的巨大反响，是各种意识形态形式相互影响的典型事例。海涅说，"康德引起这次巨大的精神运动，与其说是通过他的著作的内容，倒不如说是通过他著作中的那种批判精神，那种现在已经渗入于一切科学之中的批判精神。所有学科都受到了他的侵袭，甚而连文学也未能免受他的影响。例如，席勒是一个猛烈的康德主义者，他的艺术观点便孕育着康德哲学的精神。康德哲学由于它那抽象的枯燥性曾给文学艺术带来了很大损害"①。在精神自由的启蒙哲学思想鼓舞下，德国文学以青年歌德和青年席勒为代表掀起狂飙突进文学运动。这是受康德启蒙哲学影响的一代年轻人所兴起的一次文学上的革命运动。戏剧是狂飙突进作家的重要创作实践场地。歌德的《葛兹·封·柏里欣根》描写16世纪德国农民战争爆发后，作为骑士的葛兹参加了农民队伍最终失败的故事。在歌德笔下，临死的葛兹呼喊"自由！自由！"他的妻子哭诉"这个世界是个地狱"，他的妹妹悲愤地说："诅咒这个排斥你的世纪！"呼唤自由，诅咒这个世界和这个世纪，便是歌德通过16世纪的历史人物喊出了18世纪德国新兴资产阶级的声音，

---

① ［德］海涅：《论德国宗教和哲学的历史》，海安译，商务印书馆1974年版，第114页。

为资产阶级民族民主思想的发展做出了贡献，向"一个叛逆者表示哀悼和尊敬"①。席勒的《阴谋与爱情》讲述了平民琴师的女儿露伊丝和宰相的儿子裴迪南这两个阶级出身迥异的年轻人的爱情悲剧。他们爱情的悲剧性不完全在于阶级偏见，而在于他们是宫廷政治阴谋的牺牲品。在爱情悲剧中，揭露了社会的不平等以及宫廷内部争权夺利的种种阴谋与恶行，第二幕第二场米尔福特夫人的侍女索菲说，"现在这些遭难的人大都替债方做牛做马，也有人在君王的银矿井里受苦等死"，深刻反映了18世纪德国社会宫廷贵族阶级和小市民阶级的尖锐冲突。这两部戏剧对于当时德国黑暗社会的谴责和自由、统一的热烈向往，歌颂了个人反抗的英雄意志和追求民主自由的斗争精神，都是狂飙突进运动的重要审美品格。丹麦文学史家勃兰兑斯说，"在欧洲所有国家中，只有德国人在18世纪有他们的文艺繁荣时期。就在18世纪下半叶莱辛和歌德使诗歌取得重大发展，康德和谢林使玄学有了突出进步。这是因为在德国尽管什么都不自由，思想却有自由"②。18世纪德国文学在欧洲一花独放的繁荣是康德哲学

---

①　［苏］里夫希茨：《马克思恩格斯论艺术》第2卷，人民文学出版社1963年版，第346页。

②　［丹麦］勃兰兑斯：《十九世纪文学主流第一分册流亡文学》，张道真译，人民文学出版社1980年版，第3页。

引发社会思想领域革命性变化、促进思想自由的结果。值得一提的是，正如恩格斯所言，"席勒的《阴谋与爱情》的主要价值就在于它是德国第一部有政治倾向的戏剧"①，但席勒作品较普遍地存在把人物单纯当作时代精神传声筒的缺失。根据海涅的分析，这是席勒全盘接受康德哲学抽象的枯燥性给文艺创作带来的损害。相比而言，歌德更重视莎士比亚的创作方法，在情节的生动性和丰富性上下功夫，达到了更高的艺术成就。歌德与席勒作品在艺术上的高下之分，说明文艺在接受其他意识形态影响时，应该注意从文艺自身审美特性来消化吸收这些影响，才能创作出优秀文艺作品。

第三，在以生产方式为根基的经济基础发生变革时，文艺及时地呼应这种变革，宣告变革的来临，反作用于社会经济基础。

马克思动态地考察人类社会的历史发展，把生产力与生产关系之间的矛盾视为历史变化发展的动力，认为在旧有生产关系不适应不断更新的生产力发展时，新的生产力就要突破旧有生产关系，社会变革于是开始发生。在这样的历史时刻，文艺这种上层建筑的意识形态形式就会挺身而出，发挥"借以意识到这个冲突并力求把它克服"的重要作用。马克思说的文

---

① 《马克思恩格斯文集》第10卷，人民出版社2009年版，第545页。

艺等意识形态形式在社会变革的节点上具有"借以意识到这个冲突并力求把它克服"的作用，指出了文艺等意识形态形式在社会变革中反作用于社会经济基础的两个方面的特征。一是文艺等意识形态形式作为社会意识，能够及时地觉察或者先知先觉新的生产力与旧有生产关系的冲突，预告社会危机的到来。二是文艺等意识形态形式可以在这个时刻果断地吸纳先进生产力的意识需求，代表新的生产力发出呼吁和推动社会变革的新声。

恩格斯所说意大利作家但丁的作品宣告了"封建的中世纪的终结和现代资本主义纪元的开端"，就是文艺对社会经济基础以及整个社会生活的反作用。但丁·阿利基耶里（1265—1321）生活的13世纪至14世纪的意大利，最早出现资本主义萌芽和苗壮成长。意大利濒临地中海的特殊地理位置，使它成为当时东西方贸易的中间商，西欧、北欧通过意大利从东方进口各种香料、珠宝和黄金，同时向东方输出各种生活必需品，意大利和一些城镇商品经济发展，形成国内外市场的繁荣。新兴资产阶级成长为经济上有实力的阶级，而且建立了以热那亚和威尼斯为代表的商业城邦和以金融业与手工业立国的佛罗伦萨城邦，它们都取得了城邦的行政自治权。佛罗伦萨在13世纪兴起了许多大银行家家族，在欧洲各地经营汇兑、借贷、投资等各项金融业务。佛罗伦萨以毛纺织业为代表的手工业也十分发达，到 14 世纪时已有 3 万余纺织工人。而当时意大利处于分裂状况，政治上皇帝和教皇的双重统治使政令混乱，教会腐败不堪，教皇以基督教的宗教统治垄断意识形态。代表资产阶级的新的生产力需要一个和平与统一的意大利，与陈旧的生产关系发生严重冲突。此时，但丁的《神曲》以中世纪文学的最高成就率先"意识到这个冲突并力求把它克服"，宣告了旧世界的终结和新世界的开始。《神曲》采用中古时期的梦幻文学形式，虚构但丁 35 岁迷路之时，罗马诗人维吉尔受但丁恋人俾德丽采之嘱托，引导但丁游历地狱和炼狱，在哲学引导下凭借理性认识罪恶，悔过自新，成为全新的人。但丁又在俾德丽采引导下梦游天堂，通过信仰途径和神学启发认识真理，达到洁净自身境界的过程。《神曲》的创作根据中世纪文艺创作中寓言、象征原则和诗有字面的、寓言的、哲理的、神秘的四义说，其艺术形式建立在中世纪数字的神秘隐喻结构上，采用三部曲史诗体，每部 33 歌，加上全书序曲第一歌共 100 歌，14233 行，地狱、炼狱、天堂各分为 9 圈层，在各篇章之间穿插的人物、环境描写等都具有奥秘之义，成为中世纪文学的总结。这是一部充满隐喻性、象征性，同时又弥漫着鲜明现实性、倾向性的作品。它的内容将隐喻意义指向黑暗现实，呼唤意大利政治和道德的复兴。作品描写个人灵魂进修历程的主旨，是为了使人们关注黑暗现实，但丁痛斥地狱第八圈第三断层的"买卖圣职的教皇们"败坏教会，嘲讽第八圈第五断层的"贪官污吏"罪有应得。但丁说，仅从字面意义论，《神曲》的全部主题是"亡灵的境遇"，"但是如果从寓言意义看，则其主题是人，人们在运用其自由意志时，由于他们的善行或恶行，将得到善报或恶报"①。人类在尘世生活有运用自由意志的自由，世人在现实生活中应该坚定不移地遵循理性，进行善恶选择，对人类自身理性和自由意志给予赞颂和推崇，这些理念与基督教神学宣扬的命运由神主宰的命定论是完全对立的。作品设置引导游历地狱和炼狱的维吉尔是但丁心仪的文学导师，艺术的伟大先驱，而这次梦游的主导者俾德丽采则是但丁心目中的女神。她1274年与但丁相识，1290年逝世，对这个早夭的年轻姑娘的爱恋占据了但丁一生全部的情感世界。俾德丽采在请求维吉尔营救和引导但丁时说"爱推动了我，爱使我说话"②，与其说俾德丽采代表对上帝的虔心信仰，不如说她是人间凡尘中的至情大爱的化身。《神曲》以对艺术和爱情信仰的真实性显示了人类自身的精神世界的真正欲求，开启了人文主义精神的复苏。这种以人为本，重视现实世俗生活价值的观念，同中世纪人听

①　伍蠡甫主编：《西方文论选》上卷，上海译文出版社1979年版，第160页。

②　［意］但丁：《神曲地狱篇》，朱维真译，上海译文出版社1984年版，第14页。

命于神而且在身后与来世寻找幸福必然依托宗教的神学统治思想是针锋相对的。因此，《神曲》是旧世界终结和新世界开端的宣告。

正是但丁《神曲》第一次敲响了中世纪的丧钟，在但丁逝世以后，接踵而至的文艺复兴运动产生了一大批具有同样对社会经济基础发生反作用、弘扬资产阶级意识形态功能的文艺作品。在文学方面，有意大利彼特拉克的《歌集》、薄伽丘的《十日谈》，英国莎士比亚的戏剧，西班牙塞万提斯的《堂吉诃德》等；在美术方面，有达·芬奇的《蒙娜丽莎》《最后的晚餐》，拉斐尔的圣母系列画像，米开朗琪罗的雕塑《大卫》等，这些作品突出地表达了对中世纪主宰欧洲思想意识的基督教神学专制统治的不满和抗议，肯定人的价值和尊严，倡导个性解放，是催生和发展当时新生的资本主义生产关系的思想解放运动。欧洲在文艺复兴运动以后，又出现了18世纪的启蒙运动和18、19世纪的浪漫主义、现实主义文艺思潮。这些文艺思潮都较为清晰地反映了资本主义社会建立和发展的历史进程。文艺作为意识形态的形式，对社会经济基础的反作用最重要的表现是，在社会发生重大转折时以文艺的方式，特别是以文艺思潮的方式，表达"意识到这个冲突并力求把它克服"的群体性、普遍性的社会文化心理，从文艺的意识形态层面表征或推进社会变革的来临。

应该注意的是，恩格斯一直把文艺等意识形态形式对社会经济基础的反作用称为"第二性"的，① 是希望马克思主义者在坚持社会存在决定社会意识的第一性前提下，辩证地认识文艺等意识形态的反作用。实际上，文艺等意识形态形式的反作用的发生，也以社会生产力客观地出现了新的因素，这个新的因素又被意识形态形式所察知为前提。在这里，也始终是以社会经济基础自身的变化作为意识形态形式反作用的动力。所以，社会经济基础对于文艺等意识形态形式的归根结底的反作用，在整体社会结构中始终是存在的。

第四，深刻理解文艺作为社会意识形态的形式，必须正确把握意识形态概念的含义。马克思恩格斯对"意识形态"一词的使用在他们建立和创新马克思主义的过程中，有一个重要的发展变化。意识形态这个概念是马克思主义，特别是马克思主义文论的一个重要概念，但是它并不是马克思所首创。意识形态（idélogie，法文；Ideologie，德文；Ideology，英文）这个概念字符是法国启蒙理性哲学家德斯蒂·德·特拉西于1796 年首先用法文创生，其概念语义为"观念学"。他主张对观念进行系统分析，形成观念学理论。观念学理论致力于人的

① 　见《恩格斯致康拉德·施米特（1890 年 8 月 5 日）》，《马克思恩格斯文集》第 10 卷，人民出版社 2009 年版，第 586 页。

正确观念的形成研究，引导人们遵循正确观念，实现启蒙理性的理想。同时，也要揭示成见和偏见等虚假意识形成的原因，防止人们形成错误观念。1812年拿破仑在俄国兵败回归法国后，把失败的原因归结为国内观念学的肆行无忌，动摇军心。在拿破仑的广泛使用影响下，意识形态（idélogie）一语当时极为流行，主要具有虚假意识的含义。法国的这个"意识形态"（idélogie），后来也在德国流行开来，以致成为马克思恩格斯著作中的一个重要术语。

但是由于在马克思恩格斯的全部著作中，对意识形态概念的使用有几种不同含义（有的研究者说，马克思著作中的意识形态概念的含义有十多种），这一点就成为其后马克思主义研究者们众说纷纭、产生争论的原因。那么，马克思和马克思主义有没有关于意识形态概念的最基本的含义呢？应该是有的。对于马克思著作中意识形态概念使用的含义，必须从他的根本思想出发，抓住核心著作中的概念含义来思考，才能够正确理解。在马克思著作中，关于意识形态概念含义的表述，最重要的两种著作就是《德意志意识形态》和《〈政治经济学批判〉序言》。这两种著作奠定了马克思主义关于意识形态概念的根本意义，是对法国理性主义意识形态（idélogie）概念的革命性改造。

写于1845—1846年的《德意志意识形态》，是马克思恩格斯在世界观上完成伟大革命变革的鲜明体现，是马克思主义新的世界观的明确表述。这部著作的副标题是"对费尔巴哈、布·鲍威尔和施蒂纳所代表的现代德国哲学以及各式各样先知所代表的德国社会主义的批判"，是批判青年黑格尔派的论战之作。该书开篇就说，"迄今为止人们总是为自己造出关于自己本身、关于自己是何物或应当成为何物的种种虚假观念。他们按照自己关于神、关于标准人等等观念来建立自己的关系"，"这些天真幼稚的空想构成现代青年黑格尔派哲学的核心"。① 马克思恩格斯把黑格尔的客观唯心主义和鲍威尔、施特劳斯、施蒂纳等青年黑格尔派的主观唯心主义，以及费尔巴哈唯物主义的不彻底性、局限性和形而上学性，都作为"德意志意识形态"进行批判。"德意志意识形态"就是指这些当时德国哲学界流行的虚假观念。这就是说，马克思恩格斯把青年黑格尔派的哲学思想与法国大革命时的特拉西等的思想进行比较，认为他们都是从观念即意识形态本身出发去解释历史，而不是从历史、人们的实际生活去解释观念、意识形态。这就是马克思恩格斯把书命名为《德意志意识形态》的原因。在这里，马克思恩格斯关于意识形态的用法和拿破仑是一样的，即把意识形态看作虚假观念。但是马克思他们提

---

① 《马克思恩格斯文集》第1卷，人民出版社2009年版，第509页。

出了虚假意识产生的原因是没有从人们的实际生活来考察和研究精神思想，而正确地反对虚假意识必须坚持人们的意识只能用实际生活来解释的伟大思想。

这个伟大思想在马克思的 1857 年《〈政治经济学批判〉序言》中做了经典表述。这个表述没有在虚假意识的含义上运用意识形态概念，而是把意识形态概念完全中性化，成为一切观念意识的总称。马克思指出，"在考察这些变革时，必须时刻把下面两者区别开来：一种是生产的经济条件方面所发生的物质的、可以用自然科学的精确性指明的变革，一种是人们借以意识到这个冲突并力求把它克服的那些法律的、政治的、宗教的、艺术的或哲学的，简言之，意识形态的形式"①。对于马克思主义文论至为重要的是，在这个经典论述中，马克思把艺术称为"意识形态的形式"，对其进行社会本质的说明。这里关于艺术的判断也是全称的和中性的，即在实际社会生活中，一切艺术都是"意识形态的形式"。艺术是意识形态的形式，就成为马克思认识艺术的社会本质的根本性思想。必须认识到，《〈政治经济学批判〉序言》已经和《德意志意识形态》对意识形态的界定有根本的区别了。在《德意志意识形态》中，意识形态作为一种虚假认识，是错误的，是可以用

---

① 《马克思恩格斯文集》第 2 卷，人民出版社 2009 年版，第 592 页。

正确的认识来纠正的。而在《〈政治经济学批判〉序言》中，意识形态不是一个哲学认识论问题，不是一个认识方面的是非对错问题，而是人们在社会生活的生产方式中处于一定地位、处境必然产生的某种意识观念的问题。对这些意识观念的意义内涵，所具有的各种不同甚至对立的形态，不能在认识论层面上判断，而只能在人们的社会存在基础上研究和认识。马克思不是抽象地在认识论方面，而是具体地在社会存在本体论方面提出了意识形态问题。因此，这个意识形态概念不是贬义的，而是客观、中性的科学概念。马克思在对意识形态进行规定时，不是判断其正确或错误，而是把意识形态的作用、功能、意义，特别是不同的意识形态代表着人们在生产关系中不同的地位、利益、诉求的问题提出来。因此，文艺作品中表达的思想感情，特别是在直接描写社会生活的作品中的思想感情是有意识形态性质的。那么，意识形态在社会变革发生之时，对社会的意识形态作用就有正向的推进和反向的阻止两个方向的动态走向。文艺在这个时刻的意识形态取向就有新旧之别，革命与反动之别。

根据马克思的论述中包含意识形态表达人们在社会关系中，特别是在生产资料所有制中占据什么地位的理解，在马克思之后的马克思主义文论的建设和发展中，从列宁开始，就指出社会中具体的意识形态有阶级区分，既有无产阶级意识形态，又有资产阶级意识形态，据此提出了文艺的政治性、阶级性、党性和人民性等问题。

（二）文艺是人在精神活动中掌握
世界的一种特殊方式

　　关于马克思的社会结构关系的论说，在历来的理解中基本上是把社会划分为经济基础与上层建筑，再在上层建筑中划分出实体性的政治与法律机构和非实体性的意识形态领域。这种划分有其道理，但是没有贯彻马克思《关于费尔巴哈的提纲》中一再阐明的新的世界观"把它们当做**感性**的人的活动，当做**实践**去理解"的基本立场。马克思创建的新的历史唯物主义世界观提出"全部社会生活在本质上是实践的"[①]，从人类的实践活动的角度去认识社会结构，马克思把人类社会生活清楚地划分为物质生活、社会生活、政治生活和精神生活四个方面。物质生活是人们在生产力和生产关系中的活动。现实的社会生活当然也应该包含物质生活，但是从社会生活的历史构成过程来看，首先是物质生活的开启成为社会生活存在的开端，构成一切社会生活实践活动的前提和基础，即"这些生产关

---

　　① 《马克思恩格斯文集》第 1 卷，人民出版社 2009 年版，第 505 页。

系的总和构成社会的经济结构，即有法律和政治的上层建筑竖立其上并有一定的社会意识形式与之相适应的现实基础。物质生活的生产方式制约着整个社会生活、政治生活和精神生活的过程"。社会生活中，除物质生活之外，有政治生活和精神生活之分。政治生活主要是法律与政治的机构实体性的实践活动，而精神生活则有法律思想、政治思想、宗教、艺术和哲学的意识形态形式的活动。因此，在马克思的历史唯物主义社会实践结构框架中，文学艺术是人类精神生活的重要形式，是精神生活中以物质生活为基础构成的社会存在决定和制约的社会意识形态形式。

马克思对文艺的考察，一方面，联系社会的整体结构，从社会存在的根本基础上把文艺作为社会意识形态形式；另一方面，把社会生活划分为物质生活、精神生活等不同类型，把文艺视为人在精神生活中掌握世界的一种特殊方式。

马克思有一个论断为历来的马克思主义文艺思想研究者十分重视，这是因为马克思这个论断也是他长期研究政治经济学的一个重要结论。这个论断是马克思在1857—1858年《资本论》的手稿中写下的。马克思在"政治经济学的研究方法"一节中，论述了他在研究政治经济学时，把头脚倒立的黑格尔辩证法颠倒过来，创造性地采取从概念抽象上升到具体以及复杂整体，从而全面把握世界的唯物辩证法的理论方法，创新了理论认识的科学方法。这个关于人类在理论思维中掌握世界的科学方法的重要结论在 1857—1858 年的政治经济学著作手稿《〈政治经济学批判〉导言》中的宣告，同他于 1859 年在《〈政治经济学批判〉序言》中对历史唯物主义世界观重要结论的宣告，同样具有重大意义。马克思在这里宣告了辩证唯物主义的理论认识的科学研究方法的创立。但是，理论思维方式是不是人类掌握世界的唯一方式呢？柏拉图和黑格尔都认为是唯一正确的方式，在他们那里只有哲学才是精神生活的最高形式。马克思从人类社会实践活动出发，而不是像黑格尔那样从精神世界出发来研究人类对世界的把握方式。因此，他一方面认为理论思维方式是抽象理性认识对感性事实进行科学概括的方法，是人类用自己独有的理性精神形式认识世界的科学方式；另一方面，他又从精神生活的丰富性、精神活动的多样性事实出发，认为科学思维的理性形式对于人类是十分重要的，但不是唯一的方式，提出人类精神对世界的掌握并不仅仅限于科学认识的理性思维方式。于是，他全面地概括了人类在精神生活中掌握世界的四种方式，批判了柏拉图、黑格尔把理性思维认识方式作为精神生活唯一方式的误读，彻底颠覆理性至上的唯心主义僵化结论。马克思指出，"整体，当它在头脑中作为思想整体而出现时，是思维着的头脑的产物，这个头脑用它所专有的方式掌握世界，而这种方式是不同于对于世界的艺术

精神的，宗教精神的，实践精神的掌握的"①。这就是说，人
类在精神生活中掌握世界，有理论精神、艺术精神、宗教精神
和实践精神四种专有方式。

在人类社会生活中，既有物质生活，又有精神生活。精神
生活的存在是人与动物的重要区分。马克思说，"吃、喝、生
殖等等，固然也是真正的人的机能。但是，如果加以抽象，使
这些机能脱离人的其他活动领域并成为最后的和唯一的终极目
的，那它们就是动物的机能"②。人除了肉体的物质生活之外，
还有由大脑支配的精神生活，即心灵中意志和意识的自由活
动。"动物和自己的生命活动是直接同一的。动物不把自己同
自己的生命活动区别开来。它就是自己的生命活动。人则使自
己的生命活动本身变成自己意志的和自己意识的对象。他具有
有意识的生命活动。这不是人与之直接融为一体的那种规定
性。有意识的生命活动把人同动物的生命活动直接区别开来。
正是由于这一点，人才是类存在物。"③ 人类的精神生活是
"使自己的生命活动本身变成自己意志的和自己意识的对象"
的实践活动。人类需要认识面对的自然世界，寻觅其中的规
律，利用自然规律把自然世界改造成为适合人类生存的环

① 《马克思恩格斯文集》第8卷，人民出版社2009年版，第25页。
② 《马克思恩格斯文集》第1卷，人民出版社2009年版，第160页。
③ 同上书，第162页。

境，更需要对认识世界、改造世界的生命活动用自己的意志和意识来表达、反映和反思，形成人类超越物质生活的相对独立的精神生活。这种生命活动当然不能只具有理论思维一种方式。

马克思所说的人类用精神掌握世界的四种方式，就是理论思维、文学艺术的审美经验、宗教信仰和日常生活的实践意识，它们都是人类用头脑去面对世界时所使用的不同的把握世界的专有方式。理论思维就是马克思研究政治经济学时所创新的从抽象上升到具体的辩证唯物主义思维的理论方法，这是人类理论思维的高峰。辩证唯物主义的理论思维适用于自然科学和人文社会科学的领域。艺术精神显然就是文学艺术反映自然、社会和人类的特殊方式，特别是用艺术思维的审美经验方式来进行文艺创作和欣赏，进入文艺审美活动的世界。关于宗教信仰，马克思一直对它没有积极的正面评价。马克思说，宗教是人的精神的异化形式，"在宗教中，人的幻想、人的头脑和人的心灵的自主活动对个人发生作用不取决于他个人，就是说，是作为某种异己的活动，神灵的或魔鬼的活动发生作用"[①]，"人奉献给上帝的越多，他留给

---

① 《马克思恩格斯文集》第 1 卷，人民出版社 2009 年版，第 160 页。

自身的就越少"①。宗教精神是支配着人们日常生活的外在力量在人们头脑中幻想的体现，而实践意识则是贯穿在人们日常生活的具体实践活动中的意识活动。它的内容是由来自个人生产、生活实践经验等的直接经验的总和。这种对世界的经验性思维绝不等于科学思维。它不是独立的精神生活，也没有进入和成为社会意识形态形式的实践活动中的思想意识，是感性认识和理性思维相混合的一种思维方式。马克思恩格斯在《德意志意识形态》中论述了这种实践意识，他们说，在脑力劳动与体力劳动没有分工以前，"思想、观念、意识的生产最初是直接与人们的物质活动，与人们的物质交往，与现实生活的语言交织在一起的。人们的想象、思维、精神交往在这里还是人们物质行动的直接产物。表现在某一民族的政治、法律、道德、宗教、形而上学等的语言中的精神生产也是这样。人们是自己的观念、思想等等的生产者"②。而"分工只是从物质劳动和精神劳动分离的时候起，才真正成为分工。从这时候起意识才能现实地想象：它是和现存实践的意识不同的某种东西，它不用想象某种现实的东西就能**现实地**想象某种东西。从这时候起，意识才能摆脱世

①　《马克思恩格斯文集》第 1 卷，人民出版社 2009 年版，第 157 页。
②　同上书，第 524 页。

界而去构造'纯粹的'理论、神学、哲学、道德等等"①。
实践意识局限于具体的日常生活实践操作，其目的性指向较
为狭窄，因此在社会发展过程中才有从实践意识上升到理论
思维的专门分工。在古代思维中有实践意识，独立的脑体劳
动分工以后，在现代社会人类在从事具体实践活动时也存在
实践意识。

在人类掌握世界的四种方式中，马克思认为宗教信仰失去
了人自身的主体意识，实践意识对日常生活缺乏超越性，都有
其自身的局限性，而理论思维和艺术精神则都没这两种方式
的缺陷，能够全面、深刻地把握世界，是人类精神生活掌握世
界最重要的两种重要方式。马克思说，人类在面对大自然时，
"植物、动物、石头、空气、光等等，一方面作为自然科学的
对象，一方面作为艺术的对象，都是人的意识的一部分，是人
的精神的无机界，是人必须事先进行加工以便享用和消化的精
神食粮"②。理论思维通过辩证唯物主义的思维方法达到掌握
世界总体化的高度。而文艺则通过审美特性的独特方式成为人
类享用其永恒审美魅力的精神瑰宝。科学（包括自然科学与
人文社会科学）与艺术是人类精神生活最重要的活动方式。

---

① 《马克思恩格斯文集》第1卷，人民出版社2009年版，第534页。
② 同上书，第161页。

马克思在政治经济学研究过程中，形成关于"不是社会意识决定社会存在，而是社会存在决定社会意识"的历史唯物主义基本原理，强调了社会存在对于文艺的归根结底的决定作用，论述了文艺的意识形态性质和功能。同样，马克思在政治经济学研究过程中，揭示了人类精神生活的相对独立性和特殊性，强调了文艺的审美经验作为人类掌握世界的重要方式之一，具有对人类的一切社会实践活动用自己的意志和意识对其进行表达、反映和反思的性质和功能。辩证思维对科学的追求和艺术精神对美的追求，都可以超越时代社会给人们造成的社会地位的局限和认识的局限，达到对世界的完整把握。这一论断是从人类学角度对文艺性质和功能进行的认识和论断。

艺术精神对世界的把握，可以达到理论思维把握世界一样的深度和高度。马克思恩格斯对此的论述有四层含义。

首先，理论思维的科学认识同样可以由艺术家用艺术作品来形象地展现。① 艺术精神同样可以把现实生活的状况复写出来，让人们获得真实的认识。《伊利亚特》第七卷描写伊阿宋之子给阿伽门农和墨奈劳斯送来一千个度量的甜酒，"但长发的阿开亚人须用兑换得酒，有的拿出青铜，有的拿出铸铁闪

---

① 《马克思恩格斯文集》第 5 卷，人民出版社 2009 年版，第 78 页。

光，有的用皮张，有的用一条条活牛，还有的用战获的奴隶换取酒浆"①。马克思《资本论》以此为例说明同一种商品可以与其他不同商品发生价值关系："例如在荷马的著作中，一物的价值是通过一系列各种不同的物来表现的。"② 价值关系的客观存在在文学名著中呈现出来。马克思说，"读过我在大约两年前为'论坛报'写的关于德国的革命与反革命的文章并且想对革命有一个具体的认识的读者们，不妨看一看现在陈列在纽约水晶宫的哈森克莱维尔先生的绘画；这幅画描绘了1848 年工人向杜塞尔多夫市政当局递交请愿书的情景。作家只能加以剖析的东西，杰出的艺术家以丰富的戏剧性和生命力再现出来了"③。由恩格斯执笔、马克思署名发表的《德国的革命与反革命》系列文章对德国 1848 年革命的科学论述无疑是理论思维对这场革命的完整把握，而 1848 年革命被画家哈森克莱维尔以"丰富的戏剧性和生命力"真实地再现出来，这些绘画较之马克思恩格斯文章"只能加以剖析的东西"有更为丰富精彩的生动体现，同样是人类精神对 1848 年德国革命的完整把握。

① ［古希腊］荷马：《伊利亚特》，陈中梅译，译林出版社 2000 年版，第196 页。
② 《马克思恩格斯文集》第 5 卷，人民出版社 2009 年版，第 78 页。
③ 《马克思恩格斯全集》第 1 版第 9 卷，人民出版社 1961 年版，第 263 页。

其次，马克思关于人类精神掌握世界的四种方式的论述是在他对黑格尔从抽象上升到具体的辩证法的革命性改造的思考时提出的。马克思认为当时人类思维的最重要的方法是黑格尔的辩证法，他本人对黑格尔辩证法头脚倒置的改造，从抽象上升到具体的唯物辩证法是理论思维最好的科学方式。不言而喻的是，并不是一切的理论思维都是人类对世界的正确把握，马克思恩格斯批判青年黑格尔派的虚假意识是因为他们没有正确的社会立场，没有认识社会存在和分析社会意识的正确的出发点和方法，所以他们的理论思维并不能正确地把握世界。同样，在艺术的审美经验对世界的把握方式中，也有一个正确的路径方法的问题。马克思恩格斯认为，在他们所阅读过的欧洲历代文艺作品中，莎士比亚和巴尔扎克的作品达到了艺术掌握世界的卓越高度。莎士比亚和巴尔扎克的艺术描写所呈现的社会生活，不仅在现象上真实具体，而且深入现象内部，达到了对历史本质认识的深度和一般资产阶级思想家、经济学家、历史学家所根本达不到的思想高度。这两位作家都是马克思恩格斯认为的现实主义的伟大作家。这就是说，在马克思恩格斯的时代，以莎士比亚与巴尔扎克为代表的现实主义艺术方法，是艺术精神把握世界的最好方式。

马克思在《1844 年经济学哲学手稿》中论述了货币在社会中的地位，指出"货币，因为它具有购买一切东西的特性，因为它具有占有一切对象的特性，所以是最突出的对象"①。
他在论述这一问题时，引用莎士比亚《雅典的泰门》中的
文句：

> 金子？黄黄的、发光的、宝贵的金子？
>
> 不，天神们啊，
>
> 我不是无聊的拜金客。
>
> ……
>
> 这东西，只这一点点儿，
>
> 就可以使黑的变成白的，丑的变成美的；
>
> 错的变成对的，卑贱变成尊贵，
>
> 老人变成少年，懦夫变成勇士。
>
> 这东西会把……祭司和仆人从你们的身旁拉走，
>
> 把壮汉头颅底下的枕垫抽去；
>
> 这黄色的奴隶可以使异教联盟，同宗分裂；
>
> 它可以使受咒诅的人得福，
>
> 使害着灰白色的痛病的人为众人所敬爱；
>
> 它可以使街贼得到高爵显位，和元老们分庭抗礼；
>
> 它可以使鸡皮黄脸的寡妇重做新娘，

---

① 《马克思恩格斯文集》第 1 卷，人民出版社 2009 年版，第 242 页。

即使她的尊容会使那身染恶疮的人见了呕吐，

有了这东西也会恢复三春的娇艳。

该死的土块，你这人尽可夫的娼妇，

你惯会在乱七八糟的列国之间挑起纷争。①

马克思说，"莎士比亚把货币的本质描绘得十分出色"。"莎士比亚特别强调了货币的两个特性：（1）它是有形的神明，它使一切人的和自然的特性变成它们的对立物，使事物普遍混淆和颠倒，它能使冰炭化为胶漆。（2）它是人尽可夫的娼妇，是人们和各民族的普遍牵线人。"② 莎士比亚对货币的描写达到了对资本主义世界的真实而深刻的把握。马克思在《资本论》等著作中多次引用莎士比亚这段文句，并且说许多小资产阶级和资产阶级经济学家根本没有理解的道理被莎士比亚形象地描绘了出来。恩格斯 1883 年在给劳·拉法格的信中说，"在我卧床这段时间里，除了巴尔扎克的作品外，别的我几乎什么也没有读，我从这个卓越的老头子那里得到极大的满足。**这里**有 1815 年到 1884 年的法国历史，比所有沃拉贝耳、卡普菲格、路易·勃朗之流的作品中所包含的多得多。多么了

---

① 此处《雅典的泰门》引语根据《马克思恩格斯文集》第 1 卷，人民出版社 2009 年版的译文，第 243—244 页。

② 《马克思恩格斯文集》第 1 卷，人民出版社 2009 年版，第 244—245 页。

不起的勇气！在他的富有诗意的裁判中有多么了不起的革命辩证法！"① 这里提到的路易·勃朗（1811—1882）是法国空想社会主义者、历史学家，只是从小私有者的立场把简单商品经济理解为资本主义生产方式，完全达不到巴尔扎克全面把握资本主义发展历史的思想高度。巴尔扎克作品中包含的"多么了不起的革命辩证法"就是理论思维正确把握世界的重要方法。这种把握世界的广度与深度，同样出现在巴尔扎克用艺术精神对世界的把握之中。

再次，艺术精神对世界的把握直接给人们呈现的不是诉诸理性逻辑的理论思维，而是文艺作品的艺术魅力。莎士比亚作品关于货币在资本主义社会中的作用的描写，并没有使用政治经济学中的术语和理论，而是直接描绘货币在现实生活中与人的生存的关系，完整地再现货币在人的现实关系中的作用，货币多样性地主宰人的异化现实，把资本主义这一整个历史时期人的生存关系全部生动地描绘出来。这表明艺术对世界的把握具有从主体感知和内心感受方面以形象方式反映社会生活的丰富性、具体性的审美特性。艺术精神有自己掌握世界的独特方式，这应该是马克思充分考虑过的问题。因为马克思在《1857—1858 年经济学手稿》的《导言》中只讲了四个问题，

① 《马克思恩格斯全集》第 1 版第 36 卷，人民出版社 1974 年版，第 77 页。

第三个问题"政治经济学的方法"论述了人类精神掌握世界的四种方式，紧接着第四个问题中就提出"物质生产的发展例如同艺术发展的不平衡关系"的问题，主要讨论希腊艺术的永恒艺术魅力。从文本结构连接上细读，马克思在思考艺术对世界的掌握方式时，显然也想找到犹如理论思维中的辩证法思想一样的艺术掌握世界的标杆。毫无疑问，希腊艺术也与莎士比亚、巴尔扎克的作品一样达到了艺术精神精准地把握世界的高度，马克思对希腊艺术的论述在写作时的语境里包含他对艺术精神应该如何准确地把握世界的思想。马克思说，"希腊艺术的前提是希腊神话，也就是已经通过人民的幻想用一种不自觉的艺术方式加工过的自然和社会形式本身"①。这里的思想是细腻而丰富的。艺术把握世界的方式有自觉与不自觉之分。希腊神话用的是不自觉方式。回看这一段论述开头，马克思写下了两句话："我们例如先说希腊艺术同现代的关系，再说莎士比亚同现代的关系。"② 但在手稿后文中，因为我们现在还不可能知道的原因，马克思只讲了希腊艺术，而没有再谈莎士比亚。联系到马克思在许多著作中对莎士比亚的称许，也许他认为莎士比亚用的是自觉方式。自觉与不自觉的区分并不

① 《马克思恩格斯文集》第8卷，人民出版社2009年版，第35页。
② 同上。

影响作品的艺术魅力。总之，艺术精神把握世界的方式是在文艺作品中呈现一种通过人民群体或个人"幻想""加工过的自然和社会形式本身"。希腊神话是"人民的幻想"的艺术加工方式，尽管是用不自觉的艺术加工方式，但是仍然达到艺术精神掌握世界的卓越成就，因为它集中了人民的幻想，体现了一个时代人民的集体的审美精神。这是对文艺人民性价值的充分肯定。

而通过幻想加工过的自然和社会形式本身是艺术精神把握世界的方式的实质内容。这里的"幻想"一语无疑包含文艺活动中以想象为核心的审美经验。现实生活以自然和社会形式本身而存在，艺术精神把握世界的特点就是以幻想加工现实生活素材，即艺术创作者以自己直觉、想象、情感等审美经验的形式化表述来加工现实生活，形成文艺作品。同时，应该使读者和观众在观赏作品时同样以各自审美经验体察真实的自然和社会形式本身，赏析作品的艺术魅力。马克思的时代现实主义异军突起，独领风骚，他在其中发现了现实主义在艺术精神掌握世界中的重要地位，肯定莎士比亚和巴尔扎克创作成就是不难理解的。而他对希腊神话永恒艺术魅力的赞赏不绝，实际上同时肯定了浪漫主义在艺术创作中的不可消解的地位。

最后，一般人都承认，艺术形式和其中蕴含的审美特性无疑具有超越某一现实历史阶段、突破时空局限的人类共同审美价值的某些重要因素，有其不随时间流逝而消解的独立审美价值。马克思研究的希腊的神话和史诗作为现代不再存在的艺术样式，目前基本上已经消失，但是却具有永恒的艺术魅力。必须承认这种艺术魅力并不仅仅是由已然消逝的神话、史诗这些形式单独呈现的。文艺作品是内容与形式的统一体，没有无内容的形式，也没有无形式的内容，任何时候内容与形式都是一体的存在。永恒的艺术魅力来自这些作品的整体，其中神话与史诗这些形式所表达的内容里就包含超越某一历史阶段的人类共同文化价值。《共产党宣言》明确指出，"代替那存在着阶级和阶级对立的资产阶级旧社会的，将是这样一个联合体，在那里，每个人的自由发展是一切人的自由发展的条件"①。马克思主义认为，人的自由全面发展是生产力发展的目标，也是人类社会总体发展的目标，人自身的发展目标。人类精神生活的发展走向是与历史发展规律相向而行的，是与人类追求人的全面自由发展的目标相向而行的。这个根本目标就是人类共同文化价值。走向人的全面自由发展是人类精神以艺术方式把握世界的内在文化指向。

因此，艺术精神把握世界就是要按照马克思关于人的全面

① 《马克思恩格斯文集》第2卷，人民出版社2009年版，第53页。

自由发展的理想目标把握人的本身，把握人生。资本主义对人的异化"使我们变得如此愚蠢而片面，以致一个对象，只有当它为我们所拥有的时候，就是说，当它对我们来说作为资本而存在，或者它被我们直接占有，被我们吃、喝、穿、住等等的时候，简言之，在它被我们使用的时候，才是我们的"①。"忧心忡忡的、贫穷的人对最美丽的景色都没有什么**感觉**；经营矿物的商人只看到矿物的商业价值，而看不到矿物的美和独特性。"② 资本主义生产造成人的认知与审美感受的能力的异化，使人不能正确地感知和认识现实。对资本主义对人的异化的否定，才能走向人用艺术精神对世界的正确把握。这就是马克思所说的"人以一种全面的方式，就是说，作为一个完整的人，占有自己的全面的本质。人对世界的任何一种人的关系——视觉、听觉、嗅觉、味觉、触觉、思维、直观、情感、愿望、活动、爱，——总之，他的个体的一切器官，正像在形式上直接是社会的器官的那些器官一样，是通过自己的对象性关系，即通过自己同对象的关系而对对象的占有，对人的现实的占有；这些器官同对象的关系，是人的现实的实现（因此，正像人的本质规定和活动是多种多样的一样，人的现实也是多

① 《马克思恩格斯文集》第 1 卷，人民出版社 2009 年版，第 189 页。
② 同上书，第 192 页。

种多样的），是人的能动和人的受动，因为按人的方式来理解的受动，是人的一种自我享受"①。艺术精神对世界的把握是用马克思说的"个体的一切器官""对人的现实的占有"，用理想人生去阅读现实人生，以现实人生去欣赏、追寻理想人生。

历史上优秀的文艺作品都是深刻地把握现实社会中具体的生存的个人的存在状况，追问什么是人的世界，人类现实世界适合于人的生存达到什么程度。在没有达到自由全面发展的人这个目标的社会之前的每一个时刻，艺术的任何创造和表现都显示出人的理想目标和人的现实处境的内在矛盾的张力。从现世人的生存、人的生活、人的生命等不同层面的实际处境，展示对人类自己，即人类作为族类生存的存在特征的认识、理解和体验。现实存在的具体个人是充满七情六欲的整体的人，但不是全面自由发展的人。人在现实实践的发展中不断地被唤起和发展人的自觉意识，唤起和发展对人的自由全面发展的渴望。艺术无论是对现实的书写还是对未来的展望，所表达的都是整体的人与完整的人的矛盾的张力。艺术就是以审美方式以人的合目的性发展与社会合规律性发展的一致性，以现实的整体的人与理想的完整的人的矛盾张力来整体把握世界。艺术精

---

① 《马克思恩格斯文集》第 1 卷，人民出版社 2009 年版，第 189 页。

神对世界的掌握始终体现着人的全面自由发展的人类共同文化价值。

艺术精神掌握世界的方式是马克思提出的重要问题，这个问题实际上是文学理论永恒的问题。现在的马克思主义文论应该在马克思问题的基本框架中继续深入研究，为文学理论在当代的发展做出新的贡献。

（三） 文艺创作与文艺批评的原则和方法

以上所述，马克思恩格斯关于文艺在整体社会结构中是人类精神生活中的社会意识形态形式和文艺是人类在精神活动中掌握世界的一种特殊方式这两个方面的思想，是历史唯物主义关于社会和人的双向结合研究在文艺活动中的展开和运用，是马克思主义世界观、历史观在文艺上的根本观点。这两个根本观点又被马克思恩格斯具体运用于具体文艺实践的论述之中，形成了马克思恩格斯关于文艺创作和文艺批评的原则和方法的文艺思想。马克思恩格斯一方面经常阅读经典文学作品，始终保持对文艺作品卓越的鉴赏力；另一方面关注当时欧洲当代文艺作品的创作，评点欧洲当代文学。1859 年 3 月 14 日，恩格斯在广告上看到斐迪南·拉萨尔写的一个剧本《弗兰茨·冯·济金根》已经出版，写信请他把剧本寄来。3 月 28 日左右，马克思恩格斯都收到了这个剧本。马克思在 4 月 18 日、恩格斯在 5 月 18 日分别写信给拉萨尔，对剧本进行了细致分析，与拉萨尔错误的创作思想进行论争。此时的拉萨尔是 19 世纪早期工人运动活动家，全德工人联合会主席，是倾向于无产阶级革命的革命同路人。1885 年夏季，第二国际领导人卡尔·考茨基的母亲、作家敏·考茨基和恩格斯在伦敦相识，两人一起讨论过文学问题，恩格斯当时希望她写小说时要研究一下巴尔扎克。同年 10 月，她给恩格斯写信，随信寄去了她新写的小说《旧和新》①，希望得到恩格斯的评论，恩格斯于 1885 年 11 月26 日给敏·考茨基复信。玛·哈克奈斯是英国 19 世纪 80 年代有社会主义倾向的女作家，曾经到伦敦东头工人区去了解工人的生活状况。在 1886 年，她参加了英国社会主义组织——社会民主联盟的活动，担任社会民主联盟机关刊物《正义》周刊的编辑。此时，她开始文学创作活动，1887 年出版了第一部小说《城市姑娘》。小说出版后，哈克奈斯委托出版者把它送给恩格斯征求意见。1888 年 4 月初，恩格

---

① 敏·考茨基小说中译本以《旧人与新人》为书名，由文化艺术出版社于 1986 年出版。《马克思恩格斯文集》第 10 卷收入恩格斯 1885 年 11 月 26 日致敏·考茨基的信，小说书名为《旧与新》。本书根据《马克思恩格斯文集》一律称该书为《旧与新》。

斯的《致玛·哈克奈斯》对《城市姑娘》进行评论。在当时历史条件下，这四封书信是马克思恩格斯对当时倾向社会主义的左翼作家新出版的文艺作品的评论，这些作品归属于19世纪新兴的工人运动营垒，属于早期社会主义文艺作品。马克思恩格斯对这些作品的评论，不仅涉及对欧洲现实主义文艺思潮及其文艺理论的总结，而且创造性地提出19世纪资本主义和无产阶级革命时代的马克思主义文艺创作和文艺批评思想，对于无产阶级革命文学和社会主义文学的创作与批评都有深刻的指导意义。其中，有几个重要论述。

1. 俯瞰整体社会现实，负载深刻历史内容的现实主义文艺创作原则

在马恩文献中，恩格斯1859年给拉萨尔的信中第一次使用"现实主义"这个概念。"现实主义"一语在文艺理论上有双重含义，既有文艺思潮的狭义含义，又有创作原则或创作方法的广义含义。在狭义上指，19世纪欧洲的现实主义文艺运动以及艺术家在作品中表现的写真实的个人风格和流派特征，而广义的现实主义创作原则指，在文艺创作中处理艺术与生活关系时把描写社会生活的真实性放在首位的准则。现实主义文艺思潮的兴起，是欧洲社会矛盾引发的1848年革命在意识形态上的反映。1848年革命是欧洲各国平民与贵族间的抗争，是欧洲平民与自由主义学者对抗君权独裁的武装革命。虽然由

于没有新兴无产阶级参加，所有革命行动均以失败收场，但是这次革命却在文艺上导致和助推了现实主义文艺思潮的兴起。"现实主义"这个概念 1826 年首先在文学领域内提出，当时并没有产生大的反响。1855 年，法国画家库尔贝创作的油画遭万国博览会评选团否决，拒绝将其展出，库尔贝愤而在博览会附近搭起一个棚子，举办了名为"现实主义：库尔贝 40 件作品"的展览。其后，绘画与文学联合在法国兴起了现实主义艺术浪潮。1857 年，尚弗勒里出版论文集《现实主义》，指出现实主义这个术语是 1848 年革命所掀起的"崇奉某某主义的多种信仰"之一，理应了解它所附带的政治色彩。库尔贝说，他"不仅是社会主义者，甚至是民主主义者和共和主义者，总之是整个革命的支持者，而首先是现实主义者，即真实的挚友"①。支撑 1848 年革命的社会主义和民主主义的信仰需要用艺术来打破封建贵族等一切统治阶级在意识形态上撒播的迷雾，揭示社会现实的真相，因此需要现实主义。现实主义英文为 realism，也译为写实主义。巴尔扎克声称："法国社会将写它的历史，我只能当它的书记。"② 19 世纪参与现实主义文

① ［美］达米安·格兰特：《现实主义》，周发祥译，昆仑出版社 1989 年版，第 28 页。
② ［法］巴尔扎克：《〈人间喜剧〉前言》，陈占元译，见王秋荣编《巴尔扎克论文学》，中国社会科学出版社 1986 年版，第 62 页。

艺思潮的艺术家，对现实主义在创作准则上的理解主要是"写真实"。19 世纪欧洲的现实主义文艺思潮已经成为文艺活动的重要现象，它所反映的社会文化思潮中，社会主义、共和主义、民主主义等交织一起，艺术家以其艺术经验各自实践现实主义，当时对现实主义的写真实准则缺乏一种俯瞰社会整体、把握历史发展趋势的历史唯物主义的共识。在这个时刻，马克思恩格斯用新的世界观对现实主义文艺思潮的艺术实践进行总结，提出了现实主义俯瞰整体社会生活、负载深刻历史内容的历史性真实的准则，建构了马克思主义的现实主义文艺创作论，推动了世界现实主义文论的发展。

拉萨尔的《弗兰茨·冯·济金根》以 16 世纪 20 年代德国历史上发生的骑士暴动事件为主要内容，描写骑士济金根和胡登发动起义，企图推翻诸侯进而取代皇帝之位，最后以失败告终的故事。拉萨尔声称剧中对济金根的描写，"使时代和人民，首先是本国人民的伟大的文化历史过程成为悲剧的真正主题，成为可以在戏剧上加以刻画的悲剧人物，把这样的转折时代的伟大文化思潮及其激烈斗争作为戏剧化的真正的对象"①。而恩格斯批评拉萨尔"不应该为了观念的东西而忘掉现实主

---

① [德] 斐迪南·拉萨尔：《弗兰茨·冯·济金根》，叶逢直译，人民文学出版社 1976 年版，第 10—11 页。

义的东西"①，指出拉萨尔所谓表现了"时代和人民"的"伟大的文化历史过程"的自我评价只是历史唯心主义的"观念"，《弗兰茨·冯·济金根》描写的历史生活歪曲了16世纪社会生活的客观历史，背弃了现实主义对现实生活整体进行忠实和真实描写的原则。

1522—1523 年，德国以弗兰茨·冯·济金根等为首举行了骑士暴动，目的是取消诸侯特权，没收教会财产，建立以德皇为首的贵族民主制。这次暴动是同为剥削阶级成员的骑士阶级不满自身在统治集团中地位衰落，起而反对大贵族和教会势力对政权垄断的暴动，是剥削阶级内部的权力斗争。而在当时德国，社会底层的农民受到大贵族与骑士阶层的共同压榨，是革命的真正动力。在济金根暴动失败之后，发生于1524—1526 年的德国农民战争是德国历史上规模最大的武装起义，全德国几乎三分之二的农民以不同方式参与了斗争。历史用事实表明，德国革命的主力是农民，不联合农民，单纯的骑士阶层的暴动不可能成功，也不可能具有任何进步的历史意义。马克思指出，"革命中的这些贵族代表——在他们的统一和自由的口号后面一直还隐藏着旧日的皇权和强权的梦想——不应当像在你的剧本中那样占去全部

---

① 《马克思恩格斯文集》第10卷，人民出版社2009年版，第176页。

注意力，农民和城市革命分子的代表（特别是农民的代表）倒是应当构成十分重要的积极的背景。这样，你就能够在更高得多的程度上用最朴素的形式恰恰把最现代的思想表现出来"①。恩格斯指出，"由于您把农民运动放到次要地位，所以您在一个方面对贵族的国民运动作了不正确的描写，同时您也就忽视了在济金根命运中的**真正悲剧**的因素。据我看来，当时广大的帝国直属贵族并没有想到要同农民结成联盟，他们靠压榨农民获得收入，所以不可能与农民结成联盟"②。济金根的骑士暴动是垂死阶级的挣扎，他只有联合农民这个革命的主力军，才有暴动成功的可能，但是他的暴动内在的阶级意图是追逐更大的剥夺压榨农民的权力，他不可能与农民结盟，农民也不可能与他结盟，这是济金根失败的必然的历史根源。现实主义的艺术创作是历史真实与艺术真实的统一，没有对所描写的社会生活进行整体社会关系的把握，没有对深刻的历史内容具有明确意识，不可能在作品中实现历史真实和艺术真实的完美统一。

马克思恩格斯对拉萨尔《弗兰茨·冯·济金根》的批判所阐明的现实主义的创作原则是，现实主义不是对生活的某一

---

① 《马克思恩格斯文集》第 10 卷，人民出版社 2009 年版，第 170—171 页。
② 同上书，第 176 页。

方面的细致描写，单纯追求细节描写的真实，它要求对生活进行整体的真实描写以深刻反映社会——历史的总体性，一方面追求文学描写的广度，从社会关系整体的各个方面全面掌握社会生活；另一方面向深处突进，探索隐藏在生活现象之中的历史发展本质因素，发现事物内在的整体关系的历史真实。马克思恩格斯认为，不是不可以描写骑士阶级暴动，但是应该在16世纪德国社会全面的社会关系特别是阶级关系的整体上描写骑士阶级的暴动，不能把农民放在社会关系的次要层面，应当描写出只有依靠农民才有革命胜利可能的这个"历史发展的必然性"，而济金根这个骑士阶级的代表根本不可能与农民结盟，"同农民结成联盟这个基本条件不可能出现"，"这就构成了历史的必然要求和这个要求实际上不可能实现之间的悲剧性的冲突"①。恩格斯这里所言，一般认为是对悲剧冲突理论的论述，其实主要是对悲剧创作必须遵循的现实主义创作原则的论述。这个论述适用于一切样式的现实主义文艺创作。每一个社会在特定时代都有由社会生产方式归根结底决定和制约的历史必然要求，社会不同阶层、阶级的个人，形成一定组织形式，总要根据自身在社会存在中的不同诉求、意愿进行改变自身处境的实践活动。无论什么文体、何种样式的艺术创作，都

———————

① 《马克思恩格斯文集》第10卷，人民出版社2009年版，第177页。

必然把这样的人类社会生活作为自己描写的基本对象。马克思恩格斯希望艺术家都必须在把握社会生活的广度（社会整体一切重要的社会关系）和深度（社会生活发展的历史规律与走向，即历史的必然要求）的基础上，书写真实的人物和他们的客观历史境遇、真情实感，才能实现现实主义的艺术要求。这个要求是历史唯物主义对现实主义的要求。这样的现实主义必然走向对社会生活的正确认识，艺术家忠实于这样的现实主义，可以克服原本已有的错误认识，达到历史深度与思想深度的统一。恩格斯说，巴尔扎克忠实于现实主义，克服了保王党的政治偏见，"就不得不违背自己的阶级同情和政治偏见；他看到了他心爱的贵族们灭亡的必然性，把他们描写成不配有更好命运的人"①。而《弗兰茨·冯·济金根》违背了现实主义创作原则，成为一种对历史误读的唯心史观的表述。

从这种现实主义创作原则出发，恩格斯也批评了哈克奈斯《城市姑娘》没有按照现实主义创作原则写作的失误。恩格斯指出，"您的小说也许还不够现实主义。据我看来，现实主义的意思是，除细节的真实外，还要真实地再现典型环境中的典型人物。您的人物，就他们本身而言，是够典型的，但是环绕着这些人物并促使他们行动的环境，也许就不是那样典型了。

---

① 《马克思恩格斯文集》第 10 卷，人民出版社 2009 年版，第 570 页。

在《城市姑娘》里，工人阶级是以消极群众的形象出现的，他们无力自助，甚至没有试图作出自助的努力。想使他们摆脱其贫困而麻木的处境的一切企图都来自外面，来自上面。如果说这种描写在1800年前后或1810年前后，即在圣西门和罗伯特·欧文时代是恰如其分的，那么，在1887年，在一个有幸参加了战斗无产阶级的大部分斗争差不多50年之久的人看来，就不可能是恰如其分的了。工人阶级对压迫他们的周围环境所进行的叛逆的反抗，他们为恢复自己做人的地位所作的令人震撼的努力，不管是半自觉的或是自觉的，都属于历史，因而也应当在现实主义领域内占有一席之地"①。这段话是按照历史唯物主义对现实主义的要求而针对具体作品分析的经典论述。首先，恩格斯从人物形象塑造的角度突破了当时理论界对现实主义笼统和单纯的写真实的理解，指出现实主义不只是描写生活现象的细节真实，而且特别重要的是"真实地再现典型环境中的典型人物"。典型人物是文艺作品中具有鲜明个性而同时又有普遍社会意义的人物，是作品审美特性、艺术魅力的集中表现。典型人物塑造的关键并不在于单纯地刻画人物的个性特征，而在于要在时代经济、政治、社会的总体现实中呈现人物生存的典型环境，揭示出人们生存的社会关系在人创造环

---

① 《马克思恩格斯文集》第10卷，人民出版社2009年版，第570页。

境、环境创造人的辩证关系中发生的不断变化，才能真实地塑造在现实生活历史演变历程中生存的典型人物，达到现实主义的艺术要求。

《城市姑娘》讲述住在伦敦东头夏绿蒂公寓里的缝纫女工耐丽的故事。她羡慕伦敦西头富人的生活，希望过一种"逍遥自在的生活，穿好的，吃好的"，"靠在沙发上看小说，喝着咖啡，有人伺候她穿皮鞋"，每天关注自己帽子上的新羽毛和未婚夫的小手套。她遇见了绅士阿瑟·格兰特，绅士请她看戏，体验了贵妇人生活的她十分激动。在格兰特引诱下，她委身于他，怀孕后才知道格兰特是有妇之夫，受到欺骗。她无奈生下儿子，却被哥哥和父亲赶出家门，得到社会慈善组织"救世军"的收容，勉强维持母子生计，最后走投无路的耐丽与看门人乔治结婚，但婴儿依然在贫病中夭折。《城市姑娘》的副标题是"一个现实主义的故事"。

对于耐丽的个人经历而言，这也许是"一个现实主义的故事"。但是把耐丽作为千百万饱受压迫欺凌的无产阶级成员来看，这并不是现实主义艺术的真实写照。无产阶级的未来和前途只有靠自己的奋起斗争，这是资本主义社会最深刻的现实。这个现实的社会关系即典型环境，实际上已经为当时觉醒的无产阶级所认识。19 世纪整个英国和欧洲社会的工人运动进入高潮，1887 年、1888 年和 1889 年伦敦东头码头工人都举行联合罢工，使泰晤士河码头陷于瘫痪，得到世界许多国家工人支持。1887年欧仁·鲍狄埃的反映马克思主义革命精神和表达工人阶级的斗争意志的歌曲《国际歌》诞生了，"从来就没有什么救世主，也不靠神仙皇帝。要创造人类的幸福，全靠我们自己"的歌声响彻欧洲。在这样的时代，确实依然有耐丽之类幻想通过与富人结婚或依靠资本主义社会慈善机构改变自己生存困境的城市无产阶级姑娘存在，作者的失误与拉萨尔没有在当时更具历史性的农民斗争背景中来描写济金根的骑士暴动一样，他在小说中孤立地描写耐丽无助的故事，没有描写在耐丽的故事发生时耐丽所属的工人阶级已经用自己的抗争来争取自己做人的地位，没有表现耐丽已经身处工人阶级从自在到自为的阶级意识觉醒的时代典型环境。小说结尾，耐丽在死去的孩子墓前站立，心里想到"说到头，他躺在这儿也很好，如果他活着，恐怕也得和我们一样，吃一辈子苦"。小说根本没有描写在这样的时代环境中把"摆脱其贫困而麻木的处境的一切企图都来自外面，来自上面"的耐丽，应该如何争取自己的光明前途，放弃了工人阶级奋起为自己的命运抗争的可能性，勾销了新的社会主义社会出现的历史可能性。恩格斯强调，作为社会主义作家应该遵循现实主义文艺创作原则，应该深刻地描写人物生存具有时代特征的社会关系的环境，特别是在这个环境中代表先进生产力的无产阶级改造自身生存环境的努力和历史前进的方向。只有紧紧抓住这样的典型环境的描写，才能在典型环境中呈现出真实人物活生生的具体存在。

必须注意到，恩格斯并不反对在作品中把耐丽这样的人物作为主人公，马克思和恩格斯也并不反对拉萨尔把济金根作为戏剧的主角。现实主义所要求的"真实地再现典型环境中的典型人物"之"典型人物"不能只是革命的英雄人物，而是社会中生存的各色各类人物，而"真实地再现典型环境中的典型人物"的关键在于必须精准地把握这样的人物在社会整体关系中的真实地位，在历史规律的深度与审美魅力的高度结合中，写出这些处于社会的中间人物、边缘人物，甚至反面人物的真实生存状况和具有必然性的历史归宿。

总之，马克思恩格斯提出的现实主义创作原则是以历史唯物主义对社会生活的基本认识为指导，要求艺术家仔细观察、分析社会现实，对所反映的生活事件及其细节的社会关系和矛盾斗争的运动演化详加研究，深刻地理解人与社会的辩证关系，从而在文艺作品中真实摹写整体的、复杂的社会关系，反映出特定时代复杂社会关系的具体而不断运动的客观过程，处理好细节描写的艺术真实性与时代典型环境的社会整体的历史真实性的关系，以时代具有历史意义的社会关系和阶级斗争作为作品人物生存的典型环境，努力在典型环境的背景中书写人与社会的关系，以塑造既有鲜明个性又有社会意义的典型人物，达到文艺作品的历史深度与思想深度的有机统一。这是世界文论史上的新型现实主义理论，也是马克思恩格斯为新的无产阶级革命文学和社会主义文学提出的创作原则。

2. 政治内在于艺术的莎士比亚化文艺创作原则

马克思恩格斯在对《弗兰茨·冯·济金根》《旧与新》和《城市姑娘》等作品的分析中，在批评这些作品没有完全遵循现实主义创作原则的同时，都一致地提到这些作品同样都缺乏文艺作品应该具有的艺术魅力，缺乏思想性与艺术性的完美统一。马克思为帮助拉萨尔改进自己创作而指出，"你就得更加莎士比亚化，而我认为，你的最大缺点就是席勒式地把个人变成时代精神的单纯的传声筒"[1]。恩格斯也说，《弗兰茨·冯·济金根》的缺点除了忘记现实主义之外，还"为了席勒而忘掉莎士比亚"[2]。莎士比亚化的创作原则要求艺术家的创作不从抽象的理论观念出发，而是面向现实生活，从对生活具体而深刻的体验出发，在具有日常生活色彩的丰富性、生动性高度融合的情节中，塑造体现现实社会关系深层本质的典型环境中性格鲜明的典型人物。莎士比亚化不是简单地回到莎士比亚，

---

[1] 《马克思恩格斯文集》第10卷，人民出版社2009年版，第171页。
[2] 同上书，第176页。

而是在新兴社会主义文艺中创作出新时代的莎士比亚式的艺术作品。这是马克思恩格斯对新兴社会主义文学提出的又一文艺创作原则。

恩格斯希望由 19 世纪的但丁来呼唤一个无产阶级革命的伟大新纪元的到来，而在新兴社会主义文学出现以后，马克思恩格斯更希望由 19 世纪的莎士比亚来推动社会主义文艺向前发展。19 世纪新的历史观已经形成，信仰社会主义的作家艺术家在创作中已经有自觉而明确的思想引导，作家很容易简单地认为社会主义文学与资产阶级文学的区别就在于思想认识的不同，是否在作品中宣传社会主义思想，于是创作中出现了《旧与新》等直接把社会主义思想传递在作品中的情况。这种创作倾向实际上是德国文学中存在的席勒化创作原则的表现。当时德国文学界一直存在对莎士比亚与席勒创作思想优劣的争论。1858 年为纪念德国作家席勒诞生 100 周年，阿·卢格发表《理想王国中的理想主义和现实主义》的文章，声称"莎士比亚不是戏剧诗人"，因为"他没有哲学体系"，而席勒因为他是康德的信徒，才是真正的"戏剧诗人"。① 弗里德里希·席勒是德国 18 世纪著名文学家、哲学家、历史学家，德国文学史上著名的"狂飙突进运动"的代表人物，对 18 世纪

---

① 见《马克思恩格斯全集》第 1 版第 29 卷，人民出版社 1972 年版，第 356 页。

德国启蒙文学的发展做出了重要贡献。席勒的文学创作思想主张从哲学的理性思维的抽象一般出发，去选取生活事实，再赋予特殊的艺术形式。由于德国民族有对理性思想的理论激情，有在作品中表现严肃性、伟大思想、内心的充实的文学传统，所以席勒受到许多人的高度推崇。

在德国文学乃至欧洲社会主义文学中，实际存在着要莎士比亚还是要席勒的论争，马克思恩格斯认为莎士比亚作品达到的现实主义非凡艺术成就是社会主义文学应该继承的优秀传统，应该把莎士比亚作为社会主义文艺创作典范，于是提出要莎士比亚化不要席勒化的文艺创作原则。

在欧洲文学史上有四大经典名著，即荷马史诗、但丁的《神曲》、莎士比亚的戏剧和歌德的《浮士德》。马克思恩格斯对这些文学经典评价都非常高，但是一直认为威廉·莎士比亚（1564—1616）是欧洲文学历史传统中最伟大的文学家。这是因为17世纪英国率先走上资本主义道路，莎士比亚在当时就以戏剧作品艺术地抓住了普遍的交换价值是资本主义社会关系的核心社会本质。马克思说，"一切产品、活动、关系可以同第三者，同物的东西相交换，而这第三者又可以无差别地同一切相交换"，形成"人的素质、能力、才能、活动的社会性质发展的一个必然阶段"，即在人与社会中建立了"普遍的效用关系和适用关系。使不同的东西等同起来，莎士比亚对货币就曾有过这样中肯的理解"。① 这里指的是莎士比亚在《雅典的泰门》中对货币在资本主义社会关系中的核心地位的揭示和批判。《雅典的泰门》是莎士比亚所写的最后一个悲剧，书写泰门由一个家资富有的贵族到倾家荡产而饱受世人欺凌，愤世而亡的悲剧，沉痛而愤慨地控诉了金钱对人的腐蚀作用，批判了货币主宰的世界摧毁人类正常生活的罪恶，艺术地展现了日常生活背后的资本主义社会关系。马克思恩格斯指出，"金钱是财产的最一般的形式，它与个人的独特性很少有共同点，它甚至还直接与个人的独特性相对立，关于这一点，莎士比亚要比我们那些满口理论的小资产者知道得更清楚"②。《雅典的泰门》中这种深刻的思想并不为英国当时的政治经济学研究者所认识，而由莎士比亚在戏剧中揭露出来，并且以其人文精神进行无情批判，这是欧洲文学对资本主义社会本质和这一社会不适合人类生存的历史发展规律的深刻揭示。而且，莎士比亚作品广泛地描写了 17 世纪英国的政治、经济、思想、文化、风俗、习惯等社会生活状态，反映了封建社会向资本主义社会过渡的历史现实。莎士比亚在艺术形式上，一方面广泛借鉴古代戏剧、英国中世纪戏剧以及欧洲新兴的文化艺术；另一方

---

① 《马克思恩格斯文集》第 8 卷，人民出版社 2009 年版，第 57 页。
② 《马克思恩格斯全集》第 1 版第 3 卷，人民出版社 1960 年版，第 254 页。

面，深刻观察人生社会，掌握时代脉搏，把生活体验、思想意识、情感倾向与艺术技巧等融会一体，在作品中塑造出众多栩栩如生的人物形象，描绘广阔的、五光十色的社会生活图景，并具有悲喜交融、富于诗意和想象、寓统一于矛盾变化之中的独创性美学境界。莎士比亚的创作达到了的作品的思想高度、意识到的历史内容与丰富多样的艺术形式、引人入胜的艺术情节、流光溢彩的审美情境的统一，其深刻思想性与高度艺术性的统一，应该成为社会主义文艺创作效法的典范。

要莎士比亚化，不要席勒化，并不是出于马克思恩格斯个人对莎士比亚的喜爱。席勒青年时期从事创作开始就有生活经历不够，依靠理性认识和他人作品素材进行文艺创作的问题存在。他与关系亲密的歌德在创作主张上不同。席勒认为，艺术的快感来自理性。他说，艺术的"自由的快感，指的是精神力量，即理性和想象力活跃起来，感觉并通过观念产生出来时的那种快感"①，因此他的戏剧倾向性突出，而概念化说教明显。所谓席勒化就是这种从理性观念出发，不从生活实际出发的创作观念。歌德不同意席勒化的创作主张，认为在文艺创作中突出哲学倾向损害了席勒的创作，指出"一个如此才华出

---

① 张玉书选编：《席勒文集》Ⅵ理论卷，张佳珏等译，人民文学出版社2005年版，第18页。

众的人，从自己的哲学思维方式得不到丝毫好处，反而长期为其所苦，看着真是让人痛心啊"①。而歌德认为，在欧洲艺术史上最伟大的艺术家是莫扎特、拉斐尔和莎士比亚。在文学上，莎士比亚是无限的丰富和伟大的天才作家，"莎士比亚的作品已经穷尽整个人性的方方面面，已经做过最高、最深的发掘"②。德国文学一代宗师歌德的看法与马克思恩格斯要莎士比亚化不要席勒化的创作原则是一致的。1873 年，恩格斯说，罗德里希·贝奈狄克的"书中极为详尽地证明，莎士比亚不能和我国伟大的诗人，甚至不能和现代的伟大诗人相提并论"。"单是《风流娘儿们》的第一幕就比全部德国文学包含更多的生活气息和现实性。单是那个兰斯和他的狗克莱勃就比全部德国喜剧加在一起更具有价值。"③《温莎的风流娘儿们》是莎士比亚所写生活气息特别浓郁的喜剧，讲述已婚妇女弗特和莱希两人同时收到破落贵族法斯塔夫的情书，于是合谋教训这个好色之徒的故事。第一幕中，弗特女士故意邀请法斯塔夫来跟自己幽会，法斯塔夫一上场就动手动脚。此时莱希女士刚好在约定时间上门，告诉弗特女士，弗特先生听闻

---

① ［德］艾克曼：《歌德谈话录》，杨武能译，四川文艺出版社 2008 年版，第 30 页。

② 同上。

③ 《马克思恩格斯全集》第 1 版第 33 卷，人民出版社 1973 年版，第 108 页。

老婆与人约会，正要回来捉奸。法斯塔夫不仅未成好事，反而只好进入洗衣篮子里躲避，并且随同篮子连人带衣服被扔到水沟里去。弗特先生找遍全屋，都没有什么男士在场，只得以承认自己多疑收场。在这些情节中，女人机智，男人昏聩，笑料不断，情趣横生，生活气息浓郁，与当时德国文学中的严肃、说教风气相比，更有丰富的审美情趣。莎士比亚化就是文学创作必须遵循审美创造的客观规律。马克思科学地阐明了理论思维与艺术精神是人类掌握世界的不同方式，莎士比亚化的创作原则要求社会主义文学用艺术把握世界的特殊方式深刻揭露和批判资本主义社会现实，而不是席勒化的理论思维先行方式来进行艺术创作。

在 19 世纪，法国出现了现实主义文学大师巴尔扎克，马克思和恩格斯都对巴尔扎克作品有过高度评价。他们认为，巴尔扎克与莎士比亚一样，在 19 世纪用现实主义小说深刻地把握了资本主义社会演变发展的历程，不是简单地在作品中宣传批判资本主义的理论，概念化地表达社会主义的政治倾向。马克思在《资本论》第 3 卷中指出，"以对现实关系具有深刻理解而著名的巴尔扎克，在他最后的一部小说《农民》里，切当地描写了一个小农为了保持住一个高利贷者对自己的厚待，如何白白地替高利贷者干各种活"的情节，深刻地表现了"在资本主义生产占统治地位的社会状态内，非资本主义的生产者也受资本主义观念的支配"的社会现实。① 恩格斯对巴尔扎克的创作有一个经典论述："巴尔扎克,我认为他是比过去、现在和未来的一切左拉都要伟大得多的现实主义大师,他在《人间喜剧》里给我们提供了一部法国'社会',特别是巴黎上流社会的无比精彩的现实主义历史,他用编年史的方式几乎逐年地把上升的资产阶级在 1816—1848 年这一时期对贵族社会日甚一日的冲击描写出来,这一贵族社会在 1815 年以后又重整旗鼓,并尽力重新恢复旧日法国生活方式的标准。他描写了这个在他看来是模范社会的最后残余怎样在庸俗的、满身铜臭的暴发户的逼攻之下逐渐屈服,或者被这种暴发户所腐蚀,他描写了贵妇人(她们在婚姻上的不忠只不过是维护自己的一种方式,这和她们在婚姻上听人摆布的情况是完全相适应的)怎样让位给为了金钱或衣着而给自己丈夫戴绿帽子的资产阶级妇女。围绕着这幅中心图画,他汇编了一部完整的法国社会的历史,我从这里,甚至在经济细节方面(诸如革命以后动产和不动产的重新分配)所学到的东西,也要比从当时所有职业的史学家、经济学家和统计学家那里学到的全部东西还要多。"② 一定要注意到,马克思对莎士比亚和巴尔扎克

---

① 《马克思恩格斯文集》第 7 卷,人民出版社 2009 年版,第 47 页。
② 《马克思恩格斯文集》第 10 卷,人民出版社 2009 年版,第 570—571 页。

的肯定都是一样的，他们都是以文艺作品来艺术地表达自己对社会关系的正确认识和深刻把握的。在马克思的历史唯物主义的社会结构论中，政治的思想观念与文艺同样属于社会上层建筑的意识形态形式，政治思想理论的长处就是对现实社会关系的正确认识和深刻把握，而像莎士比亚、巴尔扎克那样的作家也能够在文艺作品中正确认识和深刻把握现实社会关系，说明在马克思主义文艺思想中，政治思想认识可以是或者应该是文艺作品的内在内容。政治内在于文艺之中，这是文艺与政治关系的特殊形式。政治与文艺一样，都受社会经济基础的决定和制约，同时又反作用于社会经济基础。意识形态形式的反作用往往表现在社会生产力与社会关系发生矛盾冲突之时，在这个时候，政治思想观念和文学艺术同时都要代表革命性的生产力对旧有生产关系发起冲击，呼唤新型生产关系的诞生。这个时候，政治与艺术交织在一起，你中有我，我中有你，政治与文艺相互内在化，政治的诉求成为文艺作品的内在内容，文艺作品的激进情感成为政治思想思潮和政治斗争的合理内涵。在西方资产阶级反对封建贵族阶级的政治斗争中，文艺复兴运动、启蒙主义运动中杰出的政治理论著作能够激发人们对幸福生活向往的激情，渗透到人们日常生活的情感态度之中。它们是政治的，同样是审美的，那些深刻揭示社会现实的文艺作品同样能够推动人们走向革命，它们是文艺的，同样是政治的。恩格斯说，巴尔扎克忠实于现实主义艺术地把握世界的方式，"巴尔扎克就不得不违背自己的阶级同情和政治偏见；他**看到了**他心爱的贵族们灭亡的必然性，把他们描写成不配有更好命运的人，他在当时唯一能找到未来的真正的人的地方**看到了**这样的人，——这一切我认为是现实主义的最伟大的胜利之一，是老巴尔扎克最大的特点之一"①。恩格斯在两个"看到了"的词语上都用了黑体，以对此语义的强调来阐明，巴尔扎克从艺术地对现实社会关系正确把握之中产生了新的情感关系和情感态度，这是由他对现实社会政治关系的认识中产生的。

巴尔扎克在 19 世纪的现实主义小说中达到了 15 世纪莎士比亚剧作类似的艺术高度和揭露资本主义社会本质的政治和思想的高度。但是，无论是莎士比亚还是巴尔扎克都不是社会主义文学的创作者。而当时努力创作社会主义文艺作品的作家注意到作品要有社会主义思想观点，努力去写社会主义的倾向性作品，但在创作思想上没有认识到作品的政治性、思想性应该紧密地与艺术性结合一体，艺术性是实现其政治性、思想性的唯一途径，这种以观念式的宣传代替精湛艺术描写的情况是当时社会主义文学存在的较为普遍的问题。在马克思恩格斯的文艺创作思想中，在他们的莎士比亚化的创作原则中，始终包含

---

① 《马克思恩格斯文集》第 10 卷，人民出版社 2009 年版，第 571 页。

文艺与政治作为上层建筑意识形态形式相互内在化的思想，一直并不支持作家在作品中直接表达社会主义的政治倾向，而赞成像莎士比亚和巴尔扎克那样，在作品中把作家自己对现实生活观察、情感体验和审美态度等熔为一炉，艺术地把握现实社会关系，从而使社会主义政治倾向内在地包含在艺术之中，形成真正的社会主义文艺。这就是莎士比亚化文艺创作原则的深刻思想。

3. 美学观点与史学观点统一的文艺批评原则

文艺活动包括文艺创作和文艺作品接受和批评等环节，文艺理论除了要研究文艺创作之外，还要认真研究文艺批评。在马克思恩格斯经典著作中，有一些著作是专门对文艺作品进行文艺批评的实践活动，其中用"美学观点与史学观点"进行文艺批评是他们提出的马克思主义文艺批评的方法、标准和原则。

这一文艺批评思想是马克思恩格斯在马克思主义建立、成熟的发展过程中逐渐形成的。马克思恩格斯的文艺批评实践开始于他们从革命民主主义者转变成为共产主义者，创建马克思主义的过程中。1844 年，马克思与恩格斯合写的第一部重要哲学著作《神圣家族》，对法国作家欧仁·苏小说《巴黎的秘密》进行了细致评论。这是一部标志着他们刚刚成为现代唯物主义和科学社会主义创始人的著作，也是建构"美学观点与史学观点"的文艺批评原则的开端。

　　《巴黎的秘密》描写德国封建王公的儿子鲁道夫同一个英国没落贵族女子相爱，生下一个女儿。后来女方改嫁，把女孩托给公证人抚养，以后这女孩下落不明。鲁道夫为寻访女儿，周游世界，在巴黎下层社会乔装巡行，进行拯救"堕落灵魂"的道德感化事业。最后他发现妓女玛丽花就是他的亲生女儿，把她救出火坑，带回德国过上公主生活。在鲁道夫的感化下，玛丽花皈依上帝，进了修道院并死在那里。这部作品1842年出版后在德国引起了强烈反响。小说以鲜明的笔调描写了资本主义社会底层民众的贫困和道德败坏，具有使社会关注无产阶级生存状况的进步意义。但是，作者却开出了改良主义的药方，宣扬以阶级调和、道德感化等来改良底层民众生活，鄙视和否定底层人民的革命力量，因而受到傅立叶主义者和青年黑格尔派的推崇。青年黑格尔派的加塞利发表《评欧仁·苏〈巴黎的秘密〉》① 称小说是"自由艺术"的产物，它"发现了绝对是从来还没有过的、崭新的东西"，"特别是对'巴黎的秘密'的普遍意义，作了如下的阐述：'史诗创造这样一种思想：现在本身是无，它甚至不仅是（是无，甚至不仅是！——引者注：括号中的话是马克思写的）过去和未来的永恒的分界线，而且还是（是无，甚至不仅是，而且还是！——引者注：括号中的

---

① 《文学总汇报》1844年第7期。

话是马克思写的）应该经常加以填充的、把永生和无常分隔开来的裂口……这就是'巴黎的秘密'的普遍意义"①。马克思在《神圣家族》中批判青年黑格尔派的唯心主义历史观时，对《巴黎的秘密》做了精辟分析，提出必须坚持新的唯物主义世界观来分析文艺作品的原则，不是从主观观念出发而是从客观的历史事实出发来评价文艺作品所反映的社会生活，特别是在分析反映资本主义社会现实的作品时，不能抽象地用不同阶级"过去和未来""永生和无常"等永恒观念来描写和认识，必须面对真正的社会现实。当时的社会现实是"在曼彻斯特和里昂的工场中做工的人，并不认为用'纯粹的思维'即单靠一些议论就可以摆脱自己的主人和自己实际上所处的屈辱地位。他们非常痛苦地感觉到存在和思维、意识和生活之间的差别。他们知道，财产、资本、金钱、雇佣劳动以及诸如此类的东西远不是想像中的幻影，而是工人自我异化的十分实际、十分具体的产物，因此也必须用实际的和具体的方式来消灭它们，以便使人不仅能在思维中、意识中，而且也能在群众的存在中、生活中真正成其为人"②。而"欧仁·苏书中的人物，必然把他这个作家本人的意图（这种意图决定作家使这些人物这样行动，

---

① 《马克思恩格斯全集》第1版第2卷，人民出版社1957年版，第68页。
② 同上书，第66页。

而不是那样行动）充作他们自己思考的结果，充作他们行动的自觉动机"①。这是用作家本人的思想来支配人物的现实行动和生存命运，以思辨哲学为引导的写作，以"人们的意识决定人们的存在"，"把现实的人变成了抽象的观点"，遮蔽了巴黎真正的社会秘密。欧仁·苏的创作思想与青年黑格尔派的思辨理论如出一辙，小说受到思辨哲学吹捧不是偶然的，这些文艺作品与哲学思想都是把人民的现实苦难、资本的实际剥削作为"想像中的幻影"，"把实在的现实只看做一些范畴的'精神'，当然要把人的一切活动和实践统统归结为批判的辩证思维过程。它的社会主义同群众的社会主义和共产主义的区别也就在这里"②。马克思对《巴黎的秘密》进行文艺批评所坚持的新的唯物主义历史观和科学社会主义理论就是马克思主义文艺批评的史学观点。

当然，马克思对欧仁·苏小说的评论是美学观点与史学观点的结合和统一。马克思对《巴黎的秘密》的分析占据了《神圣家族》这部与恩格斯合著著作的四分之一以上篇幅，在历史观点的批评的字里行间都贯穿着对小说的美学观点的批评。在此不加详述，只引用英国理论家柏拉威尔的研究来

---

① 《马克思恩格斯全集》第 1 版第 2 卷，人民出版社 1957 年版，第 233 页。
② 同上书，第 67 页。

说明。柏拉威尔说马克思在此书"评论小说中各种人物和他们那些貌似真实的行动时，运用了他阅读过的回忆录，采用了他阅读过的法国诗篇和旅行家的游记；他在评论欧仁·苏有意识迎合读者那种乐意寻求惊恐不安的刺激时，利用了他所阅读过的欧仁·苏的其他作品；他在揭露欧仁·苏欣然使用的文学惯例时，引证了他所熟悉的 19 世纪的其他小说；他在引证《浮士德》《堂·吉诃德》《醉心贵族的小市民》和《乔治·唐丹》中的人物来比拟欧仁·苏和他那位新黑格尔派评论员，而且在击中要害时，显示了对世界文学名著的渊博知识"[①]。充分运用对欧洲文学作品和文学史的广博知识，对《巴黎的秘密》的内容和人物形象做全面分析，是马克思主义文艺批评的美学观点的充分体现。

美学观点和史学观点在《神圣家族》中没有文字和概念上的具体表述。马克思对《巴黎的秘密》的评论及其评论的立场观点方法得到恩格斯高度赞扬。恩格斯写信给马克思说，在《神圣家族》中，"你对犹太人问题、唯物主义历史观和《秘密》的论述是精辟的，一定会产生极大的影响"[②]。实际上，马克思对《巴黎的秘密》的评论一直贯穿着唯物主义历

---

　　① ［英］柏拉威尔：《马克思和世界文学》，梅绍武译，生活·读书·新知三联书店 1980 年版，第 129 页。

　　② 《马克思恩格斯全集》第 1 版第 27 卷，人民出版社 1972 年版，第 30 页。

史观，而且又对其中的情节安排、人物塑造等美学问题做了分析。这一文艺评论实践是史学观点与美学观点统一的具体体现。后来，恩格斯把他和马克思评论文艺作品的原则归纳为"美学的观点与历史的观点"，并有两次具体表述：第一次是恩格斯 1847 年在《诗歌和散文中的德国社会主义》中说，"我们绝不是从道德的、党派的观点来责备歌德，而只是从美学和历史的观点来责备他；我们并不是用道德的、政治的，或'人'的尺度来衡量他"[①]；第二次是十多年后 1859 年在致拉萨尔评论《弗兰茨·冯·济金根》的信中，恩格斯指出，"我是从美学观点和史学观点，以非常高的亦即**最高**的标准来衡量您的作品的"[②]。需要说明的是，1859 年 5 月 18 日恩格斯致拉萨尔的信在收入《马克思恩格斯全集》第 1 版第 29 卷（1972 年版）时，中文翻译为"美学观点与历史观点"[③]，而 2009 年在中央编译局作为马克思主义理论研究和建设工程成果，对马克思恩格斯重点著作译文进行审核和修订以期"提供译文更准确、资料更翔实的基础文本"时所出版《马克思恩格斯文集》第 10 卷收入此信时，译文改为"美学观点和史学观点"。"历史"改为"史学"，一字之差，其含义

---

① 《马克思恩格斯全集》第 1 版第 4 卷，人民出版社 1958 年版，第 257 页。
② 《马克思恩格斯文集》第 10 卷，人民出版社 2009 年版，第 177 页。
③ 《马克思恩格斯全集》第 1 版第 29 卷，人民出版社 1972 年版，第 586 页。

有一定差别。"史学"对应"美学",说明文艺批评要有学理上的科学性。马克思恩格斯在创立马克思主义时,当时欧洲社会主义、共产主义思潮十分流行,许多谈论社会主义的论著的根本错误在于还有唯心主义的荒唐思想,缺乏对社会和历史的科学认识。

应该注意,黑格尔在《美学》中早已提出过"应该从历史和美学观点"进行文艺评论的思想。黑格尔说过:"我们在这里应该从历史和美学的观点对法国人提出一点批评,他们把希腊和罗马的英雄们以及中国人和秘鲁人都描绘成为法国的王子和公主,把路易十四世和路易十五世时代的思想和情感转嫁给这些古代人和外国人。"① 是不是黑格尔讲过"从历史和美学的观点"对文艺作品进行批评,那么"美学观点与史学观点"就不能够成为马克思主义文艺批评的原则呢?黑格尔的这一论述把历史观点与美学观点结合起来,具有辩证法的合理内核,但是同时又是头脚倒立的唯心主义历史观、美学观的表述。黑格尔认为,自然界和人类界的发展是理念把历史作为舞台内在地实现自身的历史,理念的不同精神方式——宗教、艺术和哲学在不同国家有不同的具体形式,它

---

① 〔德〕黑格尔:《美学》第 2 卷,朱光潜译,商务印书馆 1979 年版,第 381 页。

是理念的不同民族精神在国家形式中的不同体现。欧洲民族与东方民族的民族精神有巨大差异，就因为理念植根于欧洲国家的民族精神，使得欧洲国家人物有走向自由的激情，而缺乏理念的东方民族则没有自由的民族精神，因此法国作家把法国思想情感加诸东方民族人物的作品应该从历史和美学的观点提出批评。黑格尔的这些思想是唯心主义的，但是他又在具体形式上把文艺作品的精神内涵与人和社会在世界上的历史发展直接结合起来，体现了辩证法对现实的巨大历史感。他揭示了艺术和哲学、宗教等意识形态形式必然地体现人类的历史发展，评论文艺作品必须要有历史观点，艺术作品中美学因素与历史因素内在地结合在一起的这些历史辩证法要义，当然他对历史的解说是十足的唯心主义梦呓。《德意志意识形态》指出，"黑格尔完成了实证唯心主义。在他看来，不仅整个物质世界变成了思想世界，而且整个历史变成了思想的历史"①。马克思恩格斯的文艺批评实践就是重新研究人类社会的全部历史，详细研究各种社会形态的存在条件，然后从这些条件中找出相应的美学、艺术理论的观点。这就使恩格斯的"美学观点与史学观点"，其内涵根本不同于黑格尔。

---

① 《马克思恩格斯文集》第 1 卷，人民出版社 2009 年版，第 510 页。

首先，马克思恩格斯说，"我们仅仅知道一门唯一的科学，即历史科学"①。恩格斯说，"历史在这里应当是政治、法律、哲学、神学，总之，一切属于社会而不是单纯属于自然界的领域的集合概括"②。历史科学在马克思恩格斯那里就是人文社会科学的总称。"历史就是我们的一切，我们比任何一个哲学学派，甚至比黑格尔，都更重视历史。"③ 恩格斯说的"史学观点"就是马克思恩格斯创立的历史唯物主义理论，是马克思主义关于人类社会发展规律的总体科学，是涵盖一切人文社会科学的总体科学。马克思主义文艺批评应该而且必须成为马克思主义理论整体学说的一个重要组成部分，因此必须始终运用历史唯物主义学说这一史学观点。而且，马克思恩格斯与黑格尔不同，不是把美学观点放在第二位置，而是放在第一位置。把美学观点放在第一位置，突出了文艺批评中美学应有的学科知识地位。这就是说，文艺批评本身归属于理论思维对文艺审美活动的评析，在知识领域分工中应该用美学观点来做专业性评论，史学观点只能指导而不能代替美学观点。当然，美学观点与史学观点是统一的，用以史学观点为指导的美学观点来进行文艺批评，二者统一在对文艺的审美活动实践的研究

---

① 《马克思恩格斯文集》第 1 卷，人民出版社 2009 年版，第 516 页。
② 《马克思恩格斯文集》第 10 卷，人民出版社 2009 年版，第 658 页。
③ 《马克思恩格斯全集》第 1 版第 1 卷，人民出版社 1956 年版，第 650 页。

之中。因此，用史学观点为指导的美学观点不是从柏拉图到黑格尔的美学思想的直接照搬，而是用历史唯物主义对从柏拉图到黑格尔的美学思想进行批判性吸收。我们前面引述过的恩格斯的一段话指出，"我们的历史观首先是进行研究工作的指南，并不是按照黑格尔学派的方式构造体系的杠杆。必须重新研究全部历史，必须详细研究各种社会形态存在的条件，然后设法从这些条件中找出相应的政治、私法、美学、哲学、宗教等等的观点"①。这是马克思主义在整个人文社会科学中广泛运用的原则。马克思主义引起人文社会科学的巨大变革，在于用马克思主义的史学观点重新研究全部历史，研究每一个学科研究对象存在的历史条件，从中找出相应的学科专属的学术观点。这里的观点不是某一种看法，而是在马克思主义指导下的这一学科的整体思想、原则和方法。马克思主义指导下的美学观点，是用历史唯物主义研究人类审美活动的历史而形成的美学思想、原则、方法。它包含关于艺术作为意识形态形式受以物质生产方式所形成的社会经济基础决定和制约而存在和发展的理论，以及用历史唯物主义来研究审美、艺术活动自身问题所得出来的关于文艺作品审美特性的理论。美学观点是史学观点的美学结论，这就使"美学观点和史学观点"成为马克思

---

① 《马克思恩格斯文集》第10卷，人民出版社2009年版，第587页。

主义文艺批评的最高标准。这个标准与当时欧洲文艺批评盛行的康德黑格尔美学和各种"社会主义"思潮的批评原则是相对立的，这是对马克思主义文艺理论的创新性建构。

这样，"美学观点与史学观点"不是两个观点分别运用，并不是像有些人理解的那样：史学观点分析内容，美学观点评论形式，而是两个观点有机统一，结合一体，既不能用没有美学观点的史学观点，也不能用没有史学观点的美学观点来评论文艺现象。

列宁对历史唯物主义原理做了经典解说，他指出，"发现唯物主义历史观，或者更确切地说，把唯物主义贯彻和推广运用于社会现象领域，消除了以往的历史理论的两个主要缺点。第一，以往的历史理论至多只是考察了人们历史活动的思想动机，而没有研究产生这些动机的原因，没有探索社会关系体系发展的客观规律性，没有把物质生产的发展程度看作这些关系的根源；第二，以往的理论从来忽视居民群众的活动，只有历史唯物主义才第一次使我们能以自然科学的精确性去研究群众生活的社会条件以及这些条件的变更"①。历史唯物主义指导下的美学观点在评析文艺活动的各种现象时，也必然形成两个重要研究思路。

---

① 《列宁专题文集 论马克思主义》，人民出版社 2009 年版，第 14 页。

第一，对文学艺术这些意识形态的形式的认识、分析，首要的是不能只在精神意识领域内部进行，不能用脱离社会存在的抽象的、道德的、政治的、党派的，特别是抽象的"人"的标准来衡量，必须把文学艺术放置到一定社会的生产方式、社会生活的归根到底的决定、制约作用的客观基础上，才能寻求根本性的解答。这就需要把文学活动事实放到时代的历史环境中去考察，抓住文艺活动涉及的社会关系的基本历史联系，考察某种具体文艺现象在历史上怎样产生，在发展中经历了哪些主要阶段，并根据它的这种发展去考察其现在状况，从社会具体的历史联系与变动中来分析文艺活动事实，才能获得科学的认识。

比如，在"真正的社会主义"理论家格律恩"从人的观点看歌德"，宣称歌德是费尔巴哈式的"人"的先驱，同时是一个"真正的社会主义者"之时，恩格斯指出歌德在德国文学中的出现不是偶然的，是当时德国的"历史结构安排好了的"，在18世纪的德国，"这个时代在政治和社会方面是可耻的，但是在德国文学方面却是伟大的。1750年左右，德国所有的伟大思想家——诗人歌德和席勒、哲学家康德和费希特都诞生了，过了不到二十年，最近的一个伟大的德国形而上学家黑格尔诞生了。这个时代的每一部杰作都渗透了反抗当时整个德国社会的叛逆的精神。歌德写了'葛兹·冯·

柏里欣根'，他在这本书里通过戏剧的形式向一个叛逆者表示哀悼和敬意"①。但是歌德并没有生活在无产阶级革命时代，由于他在魏玛公国的贵族官僚地位，他不可能站在人民立场上，与腐朽的贵族社会决裂，这就使歌德断然不能成为"真正的社会主义者"。歌德在自己的作品中，对当时的德国社会的态度是带有两重性的。有时他对社会也有批判和嘲笑，有时又相反，特别是在谈到法国大革命时，他甚至维护封建社会，抵抗那法国大革命向它冲来的历史浪潮。由于他自身的阶级地位，"在他心中经常进行着天才诗人和法兰克福市议员的谨慎的儿子、可敬的魏玛的枢密顾问之间的斗争；前者厌恶周围环境的鄙俗气，而后者却不得不对这种鄙俗气妥协，迁就。因此，歌德有时非常伟大，有时极为渺小；有时是叛逆的、爱嘲笑的、鄙视世界的天才，有时则是谨小慎微、事事知足、胸襟狭隘的庸人"②。歌德总是处于这种进退维谷的社会困境之中。他的艺术家的气质、精力、全部精神意向都把他推向实际生活，而他所接触的实际生活却是无力摆脱的鄙俗。这是他作为作家所能活动的唯一的历史环境，只有从这个历史环境中才能正确分析歌德和他的艺术人

---

① 《马克思恩格斯全集》第 1 版第 2 卷，人民出版社 1957 年版，第 634 页。
② 同上书，第 256 页。

生。恩格斯对歌德知人论世的分析是历史观点与美学观点统一的范例。

第二，历史唯物主义认为，社会生产力是社会存在和发展的根本基础，生产力的核心是劳动者，是千百万人民群众。恩格斯说，"从来没有过一个时期社会上可以没有劳动阶级而存在的。这个阶级的名称、社会地位改变了，农奴代替了奴隶，而他自己又被自由工人所代替""但是有一件事是很明显的，无论不从事生产的社会上层发生什么变化，没有一个生产者阶级，社会就不能生存"①。因此，历史上的活动和思想都是人民群众的思想和活动，人民群众是推动历史前进的根本动力。马克思恩格斯在创建马克思主义时十分关注文艺对人民群众生活、意愿，特别是改造世界的活动的描写。马克思主义文艺批评的历史观点必然具有人民观点。因此在文艺批评中，关注文学活动与人民的关系，研究作品是否正确地反映了社会生活中人民的生活状况以及人民在社会历史重大事件中的重要作用，用文艺批评大力推动社会主义文学的繁荣发展。

本书前面分析到的马克思恩格斯对《弗兰茨·冯·济金根》的批判，恩格斯对哈克奈斯和考茨基夫人作品的评论都

---

① 《马克思恩格斯全集》第 1 版第 19 卷，人民出版社 1965 年版，第 315 页。

涉及如何在作品中正确地反映人民群众在历史中的重要地位，描写人民群众推动历史前进的伟大作用等问题。这是马克思主义文艺批评历史观点不可缺少的环节。1844 年恩格斯指出，近 10 年来欧洲文艺作品出现了一种新现象，"在小说的性质方面发生了一个彻底的革命，先前在这类著作中充当主人公的是国王和王子，现在却是穷人和受轻视的阶级了。最后，他们发现，作家当中的这个新流派——乔治·桑、欧仁·苏和查·狄更斯就属于这一派——无疑地是时代的旗帜"①。尽管欧仁·苏在《巴黎的秘密》中流露出的社会改良主义思想受到马克思恩格斯的批评，但是这个作家把笔触伸向底层民众生活的创作倾向受到肯定。当然，马克思恩格斯更迫切地期盼能够掌握新的世界观，站在无产阶级和人民群众立场上，参加无产阶级革命队伍的作家艺术家的诞生，在文艺作品中正面地歌颂倔强的、叱咤风云的和革命的无产者，描写无产阶级和人民群众在反对资本主义的斗争中的革命毅力、革命创造性和革命首创精神。1844 年德国西里西亚织工发动武装起义，进军时歌唱一首诗歌《血腥的屠杀》又名《织工歌》，反映织工对厂主的憎恨和他们的反抗情绪，其中有这样的诗句：

---

① 《马克思恩格斯全集》第 1 版第 1 卷，人民出版社 1956 年版，第 594 页。

你们这些流氓，魔鬼的后代！

你们这些可诅咒的匪徒！

你们吞食了穷人的全部财产，

你们要被诅咒，领受你们的报应！

马克思对这首诗歌给予了高度评价，指出："法国和英国的工人起义没有一次像西里西亚织工起义那样具有如此的理论性和自觉性。首先请回忆一下织工的那支歌吧！这是一个勇敢的战斗的呼声。在这支歌中根本没有提到家庭、工厂、地区，相反地，无产阶级在这支歌中一下子就毫不含糊地、尖锐地、直截了当地、威风凛凛地厉声宣布，它反对私有制社会。西里西亚一开始就恰好做到了法国和英国工人在起义结束时才做到的事，那就是意识到无产阶级的本质。"[①] 西里西亚织工的歌对马克思具有特别的意义，这是过去从来没有的被压迫被剥削的阶级的文艺作品。恩格斯对德国著名诗人海涅的《西里西亚织工之歌》发出织工诅咒剥削压迫的呼声；画家许布纳尔描绘西里西亚织工向工厂主交亚麻布时呈现出阶级对立鲜明特征的画面；英国工人诗人米德的"千百万的工人，起来，前进"，打倒国王、寄生虫的诗歌等作品赞扬不已。

---

① 《马克思恩格斯全集》第 1 版第 1 卷，人民出版社 1956 年版，第 483 页。

作家格奥尔格·维尔特 1843 年起先后同恩格斯、马克思建立了深厚友谊，接受科学共产主义思想，加入"共产主义者同盟"，参加无产阶级革命。1848 年，马克思恩格斯创办《新莱茵报》，维尔特担任副刊编辑，写过许多优秀的诗歌、散文和小说。1856 年维尔特在古巴哈瓦那去世之时，马克思就准备写文章悼念他，但当时不可能发表。马克思的遗稿中记下了维尔特的一首诗《帮工之歌》，恩格斯 1883 年写专文纪念维尔特时，把《帮工之歌》置于文章之首，称他为"德国无产阶级第一个和**最重要**的诗人"。恩格斯做这样的评价不是因为他积极参加无产阶级革命，而是"他的社会主义和政治的诗作，在独创性、俏皮方面，尤其在火一般的热情方面，都大大超过弗莱里格拉特的诗作"①。弗莱里格拉特是马克思恩格斯都非常重视的无产阶级作家，在当时社会主义文学中有很大影响。而维尔特的作品无论在内容和形式上都更胜一筹。他在形式上受到海涅影响，体现德国文学幽默讽刺的民族风格，手法丰富多彩，在内容上则用新的世界观真实地表现了无产阶级的斗争生活。他在 1843—1846 年创作的《饥饿之歌》中，把工人和贫苦手工业者的形象第一次以自觉的战斗姿态展示在德国文学作品里。维尔特的著名组诗《兰卡郡之歌》反映英

---

① 《马克思恩格斯全集》第 1 版第 21 卷，人民出版社 1965 年版，第 7—8 页。

国工业区兰卡郡的工人生活和他们反抗资本家的斗争。《一百个哈斯韦尔男子》描写矿坑失事，死了一百个矿工，矿主只拿出每人一周的工资来抵偿他们的生命。《铸炮者》和《兰卡郡酒店老板》两诗倾诉工人阶级对资本家的愤怒和反抗。在散文《英国工人花会》中，维尔特看到未来社会的一切都是光辉灿烂的，预言无产阶级将在世界上创造出新的文学艺术。恩格斯说，"维尔特所擅长的地方，他超过海涅（因为他更健康和真诚），并且在德国文学中仅仅被歌德超过的地方，就在于表现自然的、健康的肉感和肉欲"[①]。恩格斯认为，这个书写无产阶级斗争生活的作家放在当时德国文学的整体中与海涅等著名作家相比较也毫不逊色。海涅不仅是德国，也是欧洲19世纪文学中的著名作家，歌德更是享誉世界的伟大作家，把维尔特与他们比较，肯定新兴无产阶级作家的独特优势，这种文艺批评的思路是值得认真研究的。对于无产阶级文艺作品应该大力支持，这是运用历史观点的题中应有之义。但是，对社会主义文艺作品的评价，不仅仅要放在社会主义文艺范围内来评论，而且也应该放在一定历史时期、一个国家甚至全球文学的总体文学的范围内来评论，才能真正地认识社会主义文学在当前的发展水平，具有何种优势，以利于推进社会主义文学

---

① 《马克思恩格斯全集》第1版第21卷，人民出版社1965年版，第9页。

的进一步发展。

马克思恩格斯在文艺批评中提出和运用的美学观点与史学观点的原则和方法根植于历史观点，即历史唯物主义。他们用历史唯物主义的观点方法对美学、文学理论、文学史进行深入研究，得出了对文艺活动实践包括作家作品在内的文艺现象的具体认识，因此他们对文学艺术的这些认识是历史唯物主义的美学观点。马克思主义文艺理论就是以历史唯物主义为指导的美学观点。历史观点与美学观点是内在统一、不可分割的。

三 列宁在十月革命前后发展的
马克思主义文论思想

在马克思主义发展历史上，名列马克思恩格斯之后的马克思主义经典作家就是弗拉基米尔·伊里奇·列宁（Владимир Ильич Ленин，1870—1924）。

《共产党宣言》首次系统地阐述了无产阶级政党的政治纲领，明确指出党的最近目的是"推翻资产阶级的统治，由无产阶级夺取政权"[①]。由于马克思恩格斯所处时代还是自由资本主义阶段，1871 年的法国不具备生产力高度发展的社会革命条件以及无产阶级革命的准备还不够成熟，巴黎公社等无产阶级革命斗争并没有取得胜利。在 20 世纪初叶，伟大的无产阶级革命导师列宁和俄国布尔什维克党把马克思主义的普遍真理同帝国主义时代世界形势的最新发展，同俄国的具体实际结

[①] 《马克思恩格斯文集》第 1 卷，人民出版社 2009 年版，第 44 页。

合起来，使社会主义革命首先在一个经济和文化比较落后的国家获得胜利，并对俄国社会主义革命和社会主义建设的经验做了理论概括，形成了列宁主义。列宁主义是马克思主义的继续和发展，它在哲学、政治经济学、科学社会主义三个方面，对丰富马克思主义的理论宝库做出了伟大的贡献。

　　列宁有很高的文艺修养，据他的妻子克鲁普斯卡娅回忆，"弗拉基米尔·伊里奇不只是读了，而且还多次地读了屠格列夫、列夫·托尔斯泰的作品和车尔尼雪夫斯基的《怎么办?》。总而言之，他是非常熟悉古典作家，并且热爱他们。后来，在布尔什维克掌握政权之后，他给了国家版权局一个任务——出版普及本的古典作品"①。在列宁一生的最后几个月，克鲁普斯卡娅遵照列宁的要求，一般每天黄昏时分，都给他朗读文学作品。列宁逝世前两天，他的妻子给他读的是美国现实主义作家杰克·伦敦的小说《热爱生命》，是文学作品伴随他走完了光辉的革命人生。因此，他对文艺发表的见解都具有科学性与革命性相结合的特点。比如，列宁在他发展了的辩证唯物主义的认识论基础上，对文艺反映社会生活的哲学原理进行了深入分析，并且在十月革命前围绕无产阶级革命夺取政权的任务和

---

　　① 中国社会科学院文学研究所文艺理论研究室编：《列宁论文学与艺术》，人民文学出版社 1983 年版，第 375 页。

十月革命胜利以后共产党执政的任务，如何处理党和文艺的关系进行了一系列探索，对充分认识和发挥文艺的意识形态功能提出许多深刻见解，创造性地发展了马克思主义文论。

下面从三个方面简述列宁的文艺思想。

（一）文艺反映社会生活的革命的
能动的反映论

列宁 1909 年出版的《唯物主义与经验批判主义》，在总结当时俄国革命斗争新经验和 19 世纪 20 世纪之交时期世界自然科学新成就的基础上，系统地阐述了辩证唯物主义和历史唯物主义的一些基本原理，着重阐发了辩证唯物主义认识论的一些重要原则。它是马克思主义哲学发展到列宁阶段的代表作。

经验批判主义（empirio-criticism）在 19 世纪七八十年代由奥地利学者马赫和德国哲学家阿芬那留斯同时独立创立，也称马赫主义（Machism）。列宁许多著作说到的马赫主义就是经验批判主义。马赫说，"物即感觉的复合"。阿芬那留斯说，"只有感觉才能被设想为存在着的东西"。经验批判主义抹杀唯心论与唯物论的区分，把感觉和经验取代物质作为认识的本原，企图建立一种心物无主次的中立的认识论哲学。这一哲学思想传播到俄国以后，再加上这一时期自然科学取得了一系列具有划时代意义的新成果，先后创立了电子论，发现了 X 射线、柏克勒尔射线和放射性元素镭等，发生了从传统物理学向现代物理学的转向。这使一些曾经读过马克思主义著作的哲学家，错误地认为物质的实体已经消失，打着正确理解马克思主义的旗号，批判辩证唯物主义。巴扎罗夫、波格丹诺夫等人于 1908 年年初在彼得堡出版《关于马克思主义哲学的论丛》，用经验批判主义作为理论基础来全面修正马克思主义哲学。此书印行两版，发行甚广，在俄国知识界掀起修正马克思主义哲学的声浪。

值得注意的是，在书中撰写文章的一些哲学家也研究美学，一些文章涉及美学和艺术问题，他们也把经验批判主义美学作为新的马克思主义美学来宣扬。当时，象征主义理论家维亚切斯拉夫·伊凡诺夫受经验批判主义影响，在《现代象征主义的二元素》（1906）等文中提出，"现实主义的象征主义"的原则是"忠于现实"时将"艺术与宗教相交叉"，承认和发挥艺术"降神伏魔"的作用。而《关于马克思主义哲学的论丛》的第一篇文章是巴扎罗夫的《当代的神秘主义和实在论》，认为对于人而言只有感觉才是实在的，信仰外部客观世界的真实性则是神秘主义。在这篇文章中，巴扎罗夫充分肯定了维亚切斯拉夫·伊凡诺夫的上述神秘主义创作主张"透露出关于一般人类创作心理本性的正确想法"①，以此证明经验批判主义引导的象征主义、神秘主义美学具有真正的现实主义品质。列宁读了巴扎罗夫、波格丹诺夫等人用经验批判主义来修正和代替马克思主义辩证唯物主义的系列著作之后非常气愤，他写信给高尔基说，"现在《关于马克思主义哲学的论丛》已经出版。除了苏沃洛夫那篇文章（我正在看）之外，其余的我都看了，每篇文章都使我气得简直要发疯。不，这不是马克思主义！我们的经验批判论者、经验一元论者和经验符号论者都在往泥潭里爬"。"《关于马克思主义哲学的论丛》这本书使布尔什维克在哲学问题上原来就有的意见分歧更加尖锐化了。"② 而且，在 19 世纪与 20 世纪之交，在美学与艺术理论中出现的象征主义、印象主义、新康德主义美学都把认识论作为美学理论的一个重要出发点。列宁清醒地认识到，"因为凡是读过 1908—1909 年间社会民主党的书刊的人，对问题的实质都很清楚。目前，在科学、哲学和艺术领域，马克思主义者同马赫主义者的斗争问题已经提出来了。如果闭眼不看这个有目共睹的事实，那至少是可笑的"③。首先在哲学上，同时

---

① ［苏联］鲍·索·梅拉赫：《列宁和俄国文学问题》，臧仲伦等译，中国社会科学出版社 1982 年版，第 207 页。

② 《列宁全集》第二版第 45 卷，人民出版社 1990 年版，第 182、178 页。

③ 《列宁全集》第二版第 19 卷，人民出版社 1989 年版，第 245 页。

也在自然科学与艺术领域进行捍卫马克思主义、反对唯心主义的斗争，就是摆在列宁面前的重要任务。

列宁经过充分准备，进行了大量研究工作，于 1908 年 2—8 月写下了哲学名著《唯物主义与经验批判主义》，对布尔什维克党内的哲学修正主义潮流进行了严肃而有力的批判，创造性地发展了辩证唯物主义的认识论，也为马克思主义文论解决艺术与现实生活的关系问题提出革命的能动的反映论。

列宁在这部主要著作中，首先着重论述了辩证唯物主义和经验批判主义在认识论上的根本对立，阐明了辩证唯物主义认识论的基本原理。他从恩格斯提出的哲学基本问题的第一个方面，即物质和意识何者是第一性的问题上，指出经验批判主义认识论的基本前提是：感觉是本原，是第一性的，物只是"感觉的复合"。他们的这个基本出发点就与辩证唯物主义认识论把物质作为认识的第一性的本原的基本前提是背道而驰的。列宁深刻指出，感觉、意识来源于物质，是外部世界在人脑中的反映。这就从根本上划清了马克思主义哲学和经验批判主义的界限。在此基础上，列宁着重从哲学基本问题的第二个方面即我们的思维能不能认识现实世界这一方面来分析和批判马赫主义的主观唯心主义和不可知论，进一步揭示辩证唯物主义认识论和经验批判主义认识论的对立，阐明马克思主义的认识论即革命的能动的反映论。列宁在这里把辩证法运用于认识论，发挥了恩格斯的反映论思想，提出了三个重要的认识论结论：第一，"物是不依赖于我们的意识，不依赖于我们的感觉而在我们之外存在着的"；第二，"在现象和自在之物之间决没有而且也不可能有任何原则的差别。差别仅仅存在于已经认识的东西和尚未认识的东西之间"；第三，"在认识论上和在科学的其他一切领域中一样，我们应该辩证地思考，也就是说，不要以为我们的认识是一成不变的，而要去分析怎样从不知到知，怎样从不完全的不确切的知到比较完全比较确切的知"。① 这三个重要结论不仅是马克思主义的真理论，也是马克思主义文论用文艺去真实地反映现实生活的艺术反映论。

是先有社会存在，还是先有社会意识，这是艺术反映论的理论前提。列宁认为，"我们深信，物、世界、环境是不依赖于我们而存在的。我们的感觉、我们的意识只是外部世界的映象；不言而喻，没有被反映者，就不能有反映，但是被反映者是不依赖于反映者而存在的。唯物主义自觉地把人类的'素朴的'信念作为自己的认识论的基础"②。辩证唯

---

① 《列宁全集》第二版第18卷，人民出版社1988年版，第100—101页。
② 同上书，第65页。

物主义的认识论就是人的意识对客观世界的反映论。一切唯心主义都"否定一种认识论，这种认识论认真地坚决地以承认外部世界及其在人们意识中的反映为其一切论断的基础"①。马赫主义的美学家宣称"物体是感觉的复合"，任何艺术创作对事物的描写就是"依靠感觉的复合去感觉感觉的复合"，高超的艺术技巧是"对相异的存在的直觉的豁然贯通"。② 而列宁则根据马克思主义关于艺术是社会意识形态形式的观点，坚持认为"社会意识反映社会存在，这就是马克思的学说。反映可能是对被反映者的近似正确的复写，可是如果说它们是等同的，那就荒谬了。意识总是反映存在的，这是整个唯物主义的一般原理"③。社会生活具有不以任何人的个人主观意志为转移的客观性，而艺术作为社会意识仍然是客观的社会生活的反映，是人类认识生活的一种特殊形式。因此，文艺对社会生活的描写必须从唯物主义认识论的哲学基础上来认识和理解，必须从马克思主义认识论的反映论的基本前提来理解。

是人的主观心理因素首先引导出社会生活事件，还是社会

---

① 《列宁全集》第二版第18卷，人民出版社1988年版，第21页。

② 见［苏联］鲍·索·梅拉赫《列宁和俄国文学问题》，臧仲伦等译，中国社会科学出版社1982年版，第210页。

③ 《列宁全集》第二版第18卷，人民出版社1988年版，第338页。

生活事件从根源上生发出人的内在心理活动，是艺术反映论中直觉、想象、情感等因素的认知功能的指向问题。列宁认为，"生活、实践的观点，应该是认识论的首先的和基本的观点。这种观点必然会导致唯物主义，而把教授的经院哲学的无数臆说一脚踢开"①。艺术以直觉、想象、情感等审美经验显现的方式来形象而生动地反映社会生活，其中的心理因素正是对社会生活场域的体验性复制，是文艺反映社会生活的特殊性的具体表现。列宁指出，经验批判主义美学家彼得楚尔特把艺术家的心理感觉作为艺术认识和反映的来源，认为在社会现象中，"如果我们仔细看一看，我们就会看到并没有这样的一义性。对任何一个历史事件或任何一出戏剧，我们都可以设想，其中的人物在一定的心理条件下会有不同的行动"②。这种"唯心主义的实质在于：把心理的东西作为最初的出发点；从心理的东西引出自然界，然后再从自然界引出普通的人的意识。因此，这种最初的'心理的东西'始终是把冲淡了的神学掩盖起来的僵死的抽象概念"③。在艺术家面前，物质世界、社会生活终是一种客观存在，它与显现之物、为我之物之间的"差别仅仅存在于已经认识的东西和尚未认识的东西之间"。

---

① 《列宁全集》第二版第 18 卷，人民出版社 1988 年版，第 144 页。
② 同上书，第 167 页。
③ 同上书，第 236—237 页。

按照马克思主义革命的能动的反映论，外在自然世界、人类社会的客观存在与其因果规律的客观存在是一致的，这些客观规律是并不因人的心理规律而改变。艺术规律并不只是由心理规律所支配，归根结底仍然受物质世界的客观自然规律与社会规律制约。艺术创作的出发点不是纯粹的审美经验，而是客观的自然世界和社会生活。

而且，列宁认为，人的认识对客观世界的反映不是刻板的一成不变的复写，"反映可能是对被反映着的近似正确的复写，可是如果说它们是等同的，那就荒谬了"①。也并不是所有的反映都是对现实的正确反映。在对真理的认识上，要充分发挥人的主观能动性，"要去分析怎样从不知到知，怎样从不完全的不确切的知到比较完全比较确切的知"，从对相对真理的认识，无限接近对绝对真理的认识。辩证法的反映论反对机械刻板地解说社会生活。列宁说，"人的意识不仅反映客观世界，而且创造客观世界"②。列宁的革命的能动的反映论为艺术家反映现实生活创造了广阔天地，而在用艺术反映社会生活时，则要求艺术家把认识因素与审美情感因素结合在一起，透过生活现象的描写揭示社会生活的真正本质，帮助人们认识社

---

① 《列宁全集》第二版第18卷，人民出版社1988年版，第338页。
② 《列宁专题文集　论辩证唯物主义和历史唯物主义》，人民出版社2009年版，第138页。

会生活的复杂过程和各种人物的复杂性格。列宁指出，文艺作品的"主题应当放在小说里去发挥（因为在小说里全部的关键在于描写个别的情况，在于分析特定典型的性格和心理)"①。艺术以个性化的典型描写去深刻地、真实地反映广阔的社会生活，是列宁的革命的能动的艺术反映论的要求。列宁在《哲学笔记》中摘引了费尔巴哈的观点："艺术并不要求把它的作品认作现实。"② 他同意费尔巴哈关于艺术具有自身的精神特性的看法。人类对真理的追求与人有对美的情感的追求是一致和协同发展的，"没有'人的感情'，就从来没有也不可能有人对于真理的追求"③。人的情感并不是一种与认识格格不入的心理活动，情感是人类对于自身由认识引导的目的性活动实践实现完成结果的情绪性心理反应，心想事成就高兴，事不如意就沮丧、失望甚至痛苦。艺术的审美属性在于它并不以逻辑认识的概念、判断、推理等形式去阐述真理，而是用以人的情感体验为核心的审美经验去反映现实的真相。在列宁的艺术反映论思想中，特别重视艺术用情感的方式来真实地反映社会生活的特殊性。列宁指出，"作为俄国千百万农民在俄国资产阶级革命快要到来的时候的思想和情绪的表现者，托尔斯

---

① 《列宁全集》第二版第47卷，人民出版社1990年版，第76页。
② 《列宁全集》第二版第55卷，人民出版社1990年版，第48页。
③ 《列宁全集》第二版第25卷，人民出版社1988年版，第117页。

泰是伟大的"①。《唯物主义与经验批判主义》写于 1908 年 2—10 月，列宁评论托尔斯泰的第一篇文章《列夫·托尔斯泰是俄国革命的镜子》写于 1908 年 9 月。二者清楚地表明了列宁的创造性的辩证唯物主义的反映论哲学思想与他的艺术反映现实生活的文艺思想的紧密联系。他把托尔斯泰的作品称为俄国革命的镜子，就是赞扬托尔斯泰按照唯物主义反映论，用表现俄国千百万农民的思想情绪的艺术方式深刻地反映了当时俄国革命的基本面貌和本质。列宁在文章中指出："如果我们看到的是一位真正伟大的艺术家，那么他在自己的作品中至少会反映出革命的某些本质的方面。"② 这一论断是列宁提出的文艺反映社会生活的革命的能动的反映论的最高要求。

（二）美学批评与历史批评有机结合的
典范性杰作——托尔斯泰评论

马克思主义的创始人在文艺批评上提出了美学批评与历史批评的原则和方法，马克思和恩格斯本人在致拉萨尔谈论悲剧的信、致哈克奈斯和考茨基夫人论文艺现实主义的信等，都是

---

① 《列宁全集》第二版第 17 卷，人民出版社 1988 年版，第 185 页。
② 同上书，第 181 页。

他们把美学批评与历史批评有机结合的经典性示范之作。列宁从 1908 年到 1911 年先后撰写了七篇文章评论俄国伟大现实主义作家托尔斯泰，这七篇文章是《列夫·托尔斯泰是俄国革命的镜子》（1908）、《列·尼·托尔斯泰》（1910）、《转变没有开始吗?》（1910）、《列·尼·托尔斯泰和现代工人运动》（1910）、《托尔斯泰和无产阶级斗争》（1910）、《"保留"的英雄们》（1910）、《列·尼·托尔斯泰和他的时代》（1911）。这一组系列评论继承和发展了马克思恩格斯美学批评与历史批评有机结合的原则和方法，在理论与实践结合的高度上，创新了马克思主义文艺批评理论。

列宁撰写评论托尔斯泰的第一篇文章的直接动因是 1908 年 9 月 9 日（俄历 8 月 28 日）为托尔斯泰八十寿辰，其时俄国文学评论界陆续发表了一些评论托尔斯泰的文章。列宁读了这些文章非常失望。托尔斯泰不仅是列宁个人特别喜爱的作家，而且他深刻地认识到托尔斯泰是当时欧洲无与伦比的最伟大的作家，是俄国文化艺术的骄傲。而对这样一位伟大作家，在俄国没有马克思主义的文艺批评对他进行正确的评论，是一个重大缺失。即使是普列汉诺夫这样的马克思主义美学家在 1908 年只写了题为《托尔斯泰与自然界》的文章，还因故并没有发表，后来普列汉诺夫在 1910 年托尔斯泰逝世之后发表《从这里到这里（政论家短评）》，只是称托尔斯泰是位描写

"贵族之家"生活的天才作家，是位心理分析大师。① 后来在列宁评论托尔斯泰的一组文章发表之后，在列宁影响下，普列汉诺夫才写了《卡尔·马克思和列夫·托尔斯泰》（1911）的文章，对托尔斯泰进行马克思主义的文艺批评。

托尔斯泰刚过完八十寿辰两年就与世长辞。1910 年托尔斯泰逝世以后，试图对这位伟大作家盖棺定论的评论确实不少，但是没有人能够科学地阐明托尔斯泰复杂的思想和丰富的创作的完整面貌和内在本质。在这个关键时刻，列宁站了出来，以伟大无产阶级革命家洞察文艺与社会、文艺与革命关系的犀利目光，连续发表六篇文章，代表革命的俄国向全世界发表了托尔斯泰作为一个伟大作家所具有的文学意义、思想意义、社会意义、革命意义的全面论述。一个世纪过去了，时至今日，这些论述仍然是对托尔斯泰最为科学的文艺评论。

1. 列宁坚持并创造性地发展了历史批评的原则，把文艺作品与无产阶级革命的关系作为历史批评的出发点

从列宁的托尔斯泰评论可以看出，马克思主义文艺批评的历史批评不是书写历史发展的教科书，只从理论上做历史哲学的推导。对于马克思主义而言，革命的实践活动是无产阶级的

---

① 见［苏联］鲍·索·梅拉赫《列宁和俄国文学问题》，臧仲伦等译，中国社会科学出版社 1982 年版，第 310 页。

历史使命，是最大的历史。因此，历史批评的立场是当下无产阶级革命的立场。列宁的历史批评的特点是紧紧抓住"列夫·托尔斯泰和俄国革命"这个当时的核心历史问题，依据对俄国革命的社会历史现实与托尔斯泰创作对这一革命的社会历史现实的反映之间关系的深刻分析，来科学地进行马克思主义的历史批评。

首先，列宁指出，"列·托尔斯泰所处的时代，他的天才艺术作品和他的学说中非常突出地反映出来的时代，是 1861 年以后到 1905 年以前这个时代。诚然，托尔斯泰文学活动开始得要比这个时期早，其结束则要比这个时期晚，但是列·托尔斯泰作为艺术家和思想家，正是在这个时期完全成熟的。这个时期的过渡性质，产生了托尔斯泰作品和'托尔斯泰主义'的一切特点"①。托尔斯泰"作为艺术家，同时也作为思想家和说教者，在自己的作品里异常突出地体现了整个第一次俄国革命的历史特点，这场革命的力量和弱点"②。托尔斯泰的艺术成就是非凡的，他在世时就在俄国和欧洲享有文学巨匠的声誉，这有他个人的才华达到的艺术成就，同时也是革命时代的转折巨变造就了这一艺术的丰碑。"1861 年以后到 1905 年以

---

① 《列宁全集》第二版第 20 卷，人民出版社 1989 年版，第 100 页。
② 同上书，第 20 页。

前这个时代"正是农奴制的旧俄国向资产阶级革命的新俄国转变的俄国第一次革命时期。列宁指出，"列夫·托尔斯泰逝世了。他作为艺术家的世界意义，他作为思想家和说教者的世界声誉，都各自反映了俄国革命的世界意义"①。托尔斯泰与这个时代的关系是革命的时代把作家放置到历史的画卷之中，成就了伟大作家丰富的思想和情感，伟大的作家以非凡的艺术反映了这个时代。只有从作家身处的历史的革命性特点，才能正确解释作家的思想和艺术成就及其复杂性。在无产阶级革命时代，马克思主义文艺批评的历史批评首要的是要把艺术摆放在革命的历史环境中去考察，研究它与革命之间的关系，从革命的立场给予历史唯物主义的评价。

其次，从俄国无产阶级革命的立场来科学评价俄国第一次革命的功过是非，以这种历史认识来分析托尔斯泰创作和思想的复杂性。列宁指出，托尔斯泰所反映的俄国第一次革命是资本主义在全世界非常高度发展并在俄国比较高度发展的时期的农民资产阶级革命。在托尔斯泰的作品里，表现出来的正是农民群众运动的力量和弱点、它的威力和局限性。他对国家、对警方官办教会的那种强烈的、激愤的而且常常是尖锐无情的抗议，表达了原始的农民民主运动的情绪。他对土地私有制的坚

---

① 《列宁全集》第二版第 20 卷，人民出版社 1989 年版，第 19 页。

决反对，表达了处在这样一个历史时期的农民群众的心理状态。他满怀最深沉的感情和最强烈的愤怒对资本主义进行不断的揭露，充分表现了宗法制农民的恐惧。"但是，这位强烈的抗议者、愤怒的揭发者和伟大的批评家，同时也在自己的作品里暴露了他不理解产生俄国所面临的危机的原因和摆脱这个危机的方法"，"这种不理解只是天真的宗法制农民的特性，而不该是一个受过欧洲式教育的作家的特性"。① 托尔斯泰同时鼓吹"不用暴力抵抗邪恶"，疏离无产阶级革命。因此，他的思想带有空想的反动的性质，不应该把托尔斯泰的学说理想化。俄国无产阶级要接受并研究托尔斯泰的遗产，向被剥削劳动群众阐明托尔斯泰对国家、教会、土地私有制和资本主义的批判的意义，其目的不是使群众局限于自我修养、憧憬圣洁生活、诅咒资本和金钱势力，而是使群众振奋起来对沙皇君主制和地主土地占有制进行新的打击，使群众团结成一支社会主义战士的百万大军，彻底摧毁托尔斯泰所憎恨的旧世界。"只有从社会民主主义无产阶级的观点出发，才能对托尔斯泰作出正确的评价，因为无产阶级在第一次解决这些矛盾的时候，在革命的时候，已经以自己的政治作用和自己的斗争，证明它适合于担当争取人民自由和争取把群众从剥削制度下解放出来的斗

---

① 《列宁全集》第二版第 20 卷，人民出版社 1989 年版，第 23 页。

争的领袖。"① 以无产阶级革命的正确思想划清与托尔斯泰主义的界限，促使工人阶级和广大人民群众准确认识托尔斯泰作品和思想的意义和局限性，激励广大群众深刻认识无产阶级革命与资产阶级革命的根本区别，积极投身到伟大的无产阶级革命中去，争取创造新的社会。正如列宁所说，"俄国无产阶级要向群众阐明托尔斯泰对资本主义的批判，——这样做不是为了让群众局限于诅咒资本和金钱势力，而是让他们学会在自己的生活和斗争中处处依靠资本主义的技术成就和社会成就，学会把自己团结成一支社会主义战士的百万大军，去推翻资本主义，去创造一个人民不再贫困、人不再剥削人的新社会"②。根据现实革命斗争的目标和任务，科学地、批判地继承过去时代的优秀文化遗产是列宁对马克思主义文艺批评的历史批评原则的发展。

2. 马克思主义文艺批评是美学批评与历史批评的有机结合

列宁对托尔斯泰的评论主要着眼于托尔斯泰用艺术的高度审美形式反映了第一次俄国革命的真实面貌，反映了革命的某些本质方面，包括它的成就和不足。而列宁的这些历史批评的

---

① 《列宁全集》第二版第 20 卷，人民出版社 1989 年版，第 24 页。
② 同上书，第 25 页。

内容本身灌注和融汇着美学批评的维度。列宁在分析托尔斯泰思想和作品的矛盾时，总是充分肯定他"是一个天才的艺术家，不仅创作了无与伦比的俄国生活的图画，而且创作了世界文学中第一流的作品"①。他对托尔斯泰总的评价是，"早在农奴制时代，列·尼·托尔斯泰就作为一位伟大的艺术家出现了。他在自己半个多世纪的文学活动中创造了许多天才的作品，在这些作品中，他主要是描写革命以前的旧俄国，即1861 年以后仍然处于半农奴制下的俄国，乡村的俄国，地主和农民的俄国。在描写这一阶段的俄国历史生活时，列·托尔斯泰在自己的作品里能提出这么多的重大问题，能达到这样巨大的艺术力量，从而使他的作品在世界文学中占有第一流的地位。由于托尔斯泰的天才描述，一个受农奴主压迫的国家的革命准备时期，成了全人类艺术发展中向前迈进的一步"②。托尔斯泰卓越的艺术描写与对时代社会生活的准确反映，这两者的结合推进了全人类艺术的发展，这是精准的美学批评，这些美学评价本身就是列宁对托尔斯泰的历史批评中充满着美学批评的实际表现。由于列宁当时写作的主要动机是反对形形色色的反动评论家歪曲托尔斯泰的作品与思想的言论。这些评论家

---

① 《列宁全集》第二版第 17 卷，人民出版社 1988 年版，第 182 页。
② 《列宁全集》第二版第 20 卷，人民出版社 1989 年版，第 19 页。

竭力推崇和美化托尔斯泰的"不以暴力抗恶"的错误思想来反对无产阶级推翻资产阶级国家机器所必需的暴力革命。在革命处于十字路口的危急时刻,列宁把评论的重点放在分析托尔斯泰与俄国革命的关系问题上,完全体现了马克思主义文艺批评的革命性的实践品格。这并不意味着列宁没有美学批评。他的美学批评是与历史批评有机地结合在一起的。

(三) 加强党对文艺工作的领导的可贵探索

马克思和恩格斯在《共产党宣言》中就提出了建立无产阶级政党的理论,他们关于党的纲领的论述提出一系列具有普遍意义的原则,但是由于他们基本上活动于自由资本主义时代,当时开展无产阶级革命的条件尚未成熟,而且也没有直接组建和领导一个国家的无产阶级政党的实践,因此他们关于无产阶级政党的理论还需要进一步发展和完善,需要赋予新的时代内容与具体的民族内容,才能在列宁所处的帝国主义和无产阶级革命时代指引党取得本国革命的胜利。这个伟大而艰巨的任务是由列宁完成的。列宁直接继承了马克思和恩格斯的思想,形成适应新时代革命要求的无产阶级新型政党学说,并把它与俄国建党实践紧密结合起来,历经了从 1899 年俄国社会民主工党宣告成立到 1912 年布尔什维克同孟什维克决裂成为单独政党的建党历程，列宁在俄国成功地创建了拥有正确的革命纲领、严密的统一组织、广泛的群众基础的新型无产阶级政党——布尔什维克党。这个党在列宁的领导下，成功地经受了1905 年革命、1917 年二月革命和十月革命的考验，终于夺取了全国政权，并且在俄国率先进行社会主义革命和建设的伟大实践。

俄国十月无产阶级革命的胜利和社会主义国家建设的努力探索和显著成就，都是在列宁领导的布尔什维克党的坚强领导下取得的。列宁在党的工作中，除了领导政治斗争、军事斗争、经济建设之外，还十分重视文化、文艺工作。他始终把文化、文艺工作作为党的工作的重要组成部分，在十月革命前后的革命与建设的伟大实践中对如何加强党对文艺工作的领导，充分发挥文艺的意识形态功能，促进革命和建设的发展，把发展新型社会主义文化艺术作为建设社会主义国家的一项重要任务进行长期探索，发展和创新了马克思主义文艺理论。

1. 党的报刊出版物的党性原则

列宁认为一个无产阶级政党在革命前的首要工作就是宣传工作，"就是在工人中间宣传社会主义学说，使工人正确地了解现代社会经济制度及其基础与发展，了解俄国社会各个阶级及其相互关系，了解这些阶级相互的斗争，了解工人阶级在这个斗争中的作用"，等等。① 这就需要党办好党的报刊出版物。列宁在 1905 年前后的俄国第一次革命时代，一直从事党的报刊的写作和编辑事业。他领导的《火星报》是全俄第一家革命的马克思主义报纸。他先后领导了布尔什维克的《新生活报》《人民报》《前进报》等。这些报刊都刊载大量党员作家和工人通讯员写的用马克思主义观点论述文化、文艺的文章。他认为，我们必须运用党的报刊去书写现代历史，鼓舞参加现代革命斗争的无产者英雄。在列宁的支持下，俄国社会民主党中央的文学宣传工作者代表大会决定在《工人报》增设文学副刊，用文艺作品在工人群众中宣传革命。

但是，"在 1905 年之前，俄国的无产阶级是没有言论和出版自由的。布尔什维克对党的观点的宣传只能'非法'地进行。1905 年 10 月全俄政治总罢工取得胜利，沙皇政府慑于革命浪潮，被迫于 11 月 17 日颁布《关于完善国家制度的宣言》，许诺'赐予'居民以'政治自由'，即人身不可侵犯和信仰、言论、集会、结社等自由。列宁敏锐地发现并适时地抓住这个历史变化和时机，在布尔什维克第一个合法机关报《新生活》（*Новая Жизнь*）上发表了一系列文章，宣传党的主张和观点。其中一篇就是 1905 年 11 月 13 日刊载于该报第 12 期的《党的

---

① 《列宁专题文集 论无产阶级政党》，人民出版社 2009 年版，第 27 页。

组织和党的出版物》，署名‘尼·列宁’”①。

列宁在《党的组织和党的出版物》中提出“社会主义无产阶级应当提出党的出版物的原则，发展这个原则，并且尽可能以完备和完整的形式实现这个原则”，进而科学地论述了这个原则。列宁指出，“党的出版物的这个原则是什么呢？这不只是说，对于社会主义无产阶级，写作事业不能是个人或集团的赚钱工具，而且根本不能是与无产阶级总的事业无关的个人事业。无党性的写作者滚开！超人的写作者滚开！写作事业应当成为整个无产阶级事业的一部分，成为由整个工人阶级的整个觉悟的先锋队所开动的一部巨大的社会民主主义机器的‘齿轮和螺丝钉’。写作事业应当成为社会民主党有组织的、有计划的、统一的党的工作的一个组成部分”②。这个有关党的出版物的原则的论述是列宁建党学说，也是列宁主义文艺理论的重要思想。他认为，党的报刊是党实行民主集中制的一种集中领导的思想宣传方式。早在 1899 年，他就为《工人报》写文章，指出为了实现党的集中领导，“为此就必须把创办一个能正常出版而且同各地方小组有密切联系的党的机关报作为我们的当前目标”。“不通过一种报纸把党的正确的代表机关

① 任东升、李江华：《国家翻译实践的功利性特征：以〈党的组织和党的出版物〉重译历程为例》，《东方翻译》2014 年第 1 期。

② 《列宁全集》第二版第 12 卷，人民出版社 1987 年版，第 93 页。

建立起来，党的成立在很大程度上仍然是一句空话。不通过中央机关报把经济斗争联合起来，经济斗争就不可能成为整个俄国无产阶级的阶级斗争。如果全党不在一切政治问题上发表意见，不指导各个斗争，那么政治斗争就不可能进行。不在中央机关报上讨论所有这些问题，不集体确定一定的活动方式和活动准则，不通过中央机关报来确立每个党员对全党负责的原则，要想组织革命力量，进行纪律教育，提高革命技术都是不可能的。"①

在《党的组织和党的出版物》一文中，列宁分析了党的报刊宣传状况，提出了党的出版物的原则，论述了党的文字宣传工作在党的整个工作中的地位和作用，以及它不同于党的其他工作的特点，阐明了党的宣传机构（报刊、出版社、发行部门等）同党的关系、为党的出版物撰稿的党员作者和党的同情者同党的关系。同时，他又着重批评了那种打着"思想创作绝对自由"的旗号，企图摆脱党的领导和监督的资产阶级无政府主义和个人主义的倾向。列宁反复强调社会民主主义出版物应当成为党的出版物，并对党的出版物的原则做了阐发。列宁认为，党的文字宣传工作应当成为党的事业的组成部分，党办的报纸、杂志以及其他出版物应当旗帜鲜明地宣传党

---

① 《列宁全集》第二版第 4 卷，人民出版社 1984 年版，第 168 页。

的观点，为党的报刊撰稿的作者，特别是党员作者，应当同党的观点保持一致，绝不容许背离党的观点。为了保证上述原则的实施，列宁要求党员作者一定要参加党的一个组织，党组织对违反这个原则、宣传反党观点的党员应采取组织措施，直至清除出党，报纸、杂志、出版社等宣传机构都必须受党的监督并向党报告工作，并且号召工人党员群众密切关注和监督这方面的工作。当时反对写作、出版事业的党性原则的人叫嚷，把写作和出版事业纳入无产阶级事业、党的事业的一部分违反了创作自由，列宁对此针锋相对地进行了严厉的批判，认为根本不存在什么"非阶级的文学和艺术"。由此看来，列宁关于党的报刊出版物的党性原则也是党员文学家和党的文艺出版物的党性原则。列宁说，"非党性是资产阶级思想。党性是社会主义思想"①。

列宁主张，党的报刊要经常刊载文学艺术作品及其评论。他在给高尔基的信中说，"党现在需要有一份正常出版并能坚持不懈地执行同颓废、消沉作斗争的路线的政治性机关报——党的机关报，一份政治报纸"。党的报纸，"为什么它不可以包括文学批评呢？"②"各种半党派性杂志和非党杂志所刊载的

---

① 《列宁全集》第二版第 12 卷，人民出版社 1987 年版，第 128 页。
② 《列宁全集》第二版第 45 卷，人民出版社 1990 年版，第 170 页。

专门的文学批评文章，长篇大论，没有什么好东西！我们最好设法远远离开这种知识分子的陈旧的老爷派头，也就是说，把文学批评也同党的工作，同领导全党的工作更紧密地联系起来。"① 列宁关于共产党员的包括文学写作在内的文字写作要有党性，特别是在党的报刊上发表文艺作品和文艺评论要有党性的观点，是马克思主义文艺理论的一个重要理论原则。

　　列宁在阐述了党的报刊的政治纪律的同时，也精辟地分析了包括文学写作在内的一切写作活动具有特殊性的特点，指出无产阶级革命的写作、服从党的需要的写作也是有创作自由的，这一点无可争论。他说，"无可争论，写作事业最不能作机械划一，强求一律，少数服从多数。无可争论，在这个事业中，绝对必须保证有个人创造性和个人爱好的广阔天地，有思想和幻想、形式和内容的广阔天地。这一切都是无可争论的，可是这一切只证明，无产阶级的党的事业中写作事业这一部分，不能同无产阶级的党的事业的其他部分刻板地等同起来。这一切决没有推翻那个在资产阶级和资产阶级民主派看来是格格不入的和奇怪的原理，即写作事业无论如何必须成为同其他部分紧密联系着的社会民主党工作的一部分"②。具有党性的

---

① 《列宁全集》第二版第 45 卷，人民出版社 1990 年版，第 171 页。
② 《列宁全集》第二版第 12 卷，人民出版社 1987 年版，第 94 页。

写作自由是出于写作者的内心世界的信仰的自由写作，因此，"在以金钱势力为基础的社会中，在广大劳动者一贫如洗而一小撮富人过着寄生生活的社会中，不可能有实际的和真正的'自由'。作家先生，你能离开你的资产阶级出版家而自由吗？你能离开那些要求你作诲淫的小说和图画、用卖淫来'补充''神圣'舞台艺术的资产阶级公众而自由吗？要知道这种绝对自由是资产阶级的或者说是无政府主义的空话（因为无政府主义作为世界观是改头换面的资产阶级思想）。生活在社会中却要离开社会而自由，这是不可能的。资产阶级的作家、画家和女演员的自由，不过是他们依赖钱袋、依赖收买和依赖豢养的一种假面具（或一种伪装）罢了"①。列宁在这里关于无产阶级的创作自由与资本主义社会的创作自由的区分是有实际针对性的，至今仍然有现实的理论意义。

此处需要说明的是，列宁在 1905 年发表的《党的组织和党的出版物》过去的中译本长期把文章的标题翻译为《党的组织和党的文学》。因此，列宁的上述理论长期以来也被概括为文学的党性原则，成为文艺为政治服务的口号的理论依据。列宁在文章标题和文中的"出版物"，俄文原文是литература，可指报刊、书籍、文献等一切书面印刷品，也

---

① 《列宁全集》第二版第 12 卷，人民出版社 1987 年版，第 96 页。

可以指文学。列宁在此文中显然主要指的是报刊、书籍、文献等一切书面印刷品。中共中央编译局列宁斯大林著作编译室在《红旗》1982 年第 22 期上，发表了列宁 1905 年撰写的《党的组织和党的出版物》的新译文。新的译文把文章标题上以及贯穿全文的关键词语"лартийная литература"重新做了翻译，将旧译的"党的文学"改译为"党的出版物"。1987 年出版的《列宁全集》第二版第 12 卷和 2009 年出版的马克思主义理论研究和建设工程重点项目《列宁专题文集·论无产阶级政党》收录的都是《党的组织和党的出版物》的新译文。译文做这样的修改，更为准确地表述了列宁的思想，更为符合列宁在全文中强调的党对党的出版物坚持集中领导的原则以及党的出版物的宣传工作性质，也成为改革开放以后中共根据形势的发展调整党的文艺政策，不再提文艺为政治服务的一个理论依据。

2. "艺术属于人民"的文艺人民性理论

列宁 1905 年在《党的组织和党的出版物》中，驳斥资产阶级理论家借口创作自由反对党的出版物的党性原则的荒谬言论时指出，"这将是自由的写作，因为把一批又一批新生力量吸引到写作队伍中来的，不是私利贪欲，也不是名誉地位，而是社会主义思想和对劳动人民的同情。这将是自由的写作，因为它不是为饱食终日的贵妇人服务，不是为百无聊赖、胖得发愁的'一万个上层分子'服务，而是为千千万万劳动人民，为这些国家的精华、国家的力量、国家的未来服务。这将是自由的写作，它要用社会主义无产阶级的经验和生气勃勃的工作去丰富人类革命思想的最新成就，它要使过去的经验（从原始空想的社会主义发展而成的科学社会主义）和现在的经验（工人同志们当前的斗争）之间经常发生相互作用"①。

在这里，列宁明确地提出党的写作事业、无产阶级革命的写作的服务对象是"为千千万万劳动人民，为这些国家的精华、国家的力量、国家的未来服务"。这是列宁对马克思主义文论的文艺的人民性思想的进一步发展。

本书在前面专门论述马克思恩格斯的文艺思想时，没有涉及他们关于文艺的人民性思想。在此处论述列宁对文艺人民性思想的发展时，对马克思恩格斯的有关思想略做一些回顾。文艺的人民性思想是马克思主义文论的核心思想，它来自历史唯物主义的基本原理。历史唯物主义指明，人类社会的基础是生产，特别是人类生存的基本物质产品的生产，从事这种生产的基本力量是劳动者，是人民。因此，历史归根结底是人民创造的。恩格斯指出，"自从阶级产生以来，从来没有过一个时期社会上可以没有劳动阶级而存在的"，"无

---

① 《列宁全集》第二版第 12 卷，人民出版社 1987 年版，第 97 页。

论不从事生产的社会上层发生什么变化，没有一个生产者阶级，社会就不能生存"。① 历史发展的总体趋势和人民大众在历史发展中的重要作用，是历史唯物主义的核心内容。但是，正如恩格斯指出，在现代社会，"社会的产品被个别资本家所占有。这就是产生现代社会的一切矛盾的基本矛盾"②。长期以来，在剥削阶级统治的社会，劳动者不仅被剥夺了享用亲手生产的物质产品的权利，而且也被统治阶级的文化体制剥夺了享受精神产品的权利。而"无产阶级将取得公共权力，并且利用这个权力把脱离资产阶级掌握的社会化生产资料变为公共财产"。"人终于成为自己的社会结合的主人，从而也就成为自然界的主人，成为自身的主人——自由的人。""完成这一解放世界的事业，是现代无产阶级的历史使命。"③在马克思主义整体理论基础上产生的马克思主义文论以及由社会主义革命和建设事业推动产生的社会主义文艺，都以文艺人民性作为自己的核心思想和核心价值，这是由马克思主义和社会主义事业的性质所决定的，也是在马克思主义和社会主义文艺发展历史进程中形成的。

在马克思主义的奠基人那里，他们在很多著作里主要研究

---

① 《马克思恩格斯全集》第 1 版第 19 卷，人民出版社 1963 年版，第 315 页。
② 《马克思恩格斯文集》第 3 卷，人民出版社 2009 年版，第 565 页。
③ 同上书，第 566 页。

资本主义社会的存在状况、运行机制、危机根源和用另一种社会方式取代资本主义社会的可能性和前景，因此着重论述工人阶级的历史作用，坚持用阶级性来划分社会的人群，相对而言较少使用"人民"这个词语，但是绝不是反对和不去使用"人民"这个具有鲜明的革命色彩的概念。马克思的工人阶级解放的伟大学说是在他的革命民主主义思想的基础上延伸、发展而来的。马克思在 1842—1843 年发表于《莱茵报》的许多革命性文章，集中地阐述了报刊出版物的人民性问题。他在《第六届莱茵省议会的辩论》的第一篇文章中，提出了新闻出版的自由究竟是特权阶层的自由，还是人民应该享有的权利问题，认为自由报刊应该具有人民性，代表人民的观点。他说，"人民历来就是什么样的作者够资格'和什么样的作者'不够资格'的唯一判断者"①。应该看到，马克思在那个时候，就把人民的主体基础放在了社会底层的劳动者工人身上。他说，"哲学家并不像蘑菇那样是从地里冒出来的，他们是自己的时代、自己的人们的产物，人们的最美好、最珍贵、最隐蔽的精髓都汇集在哲学思想里。正是那种用工人的双手建筑铁路的精神，在哲学家的头脑中建立哲学体系"②。工人劳动过程中的

---

① 《马克思恩格斯全集》第 1 卷（上），人民出版社 1995 年版，第 195—196 页。

② 同上书，第 219—220 页。

精神就是人民的精神，是时代精神的精华。这表明，马克思早年关于文艺人民性的思想是与马克思主义关于建立无产阶级文学，表达工人情绪、意愿的思想是一致的。特别值得注意的是，马克思和恩格斯在他们合作的著作《神圣家族》中强调"历史活动是群众的事业，随着历史活动的深入，必将是群众队伍的扩大"①。这里确立了人民创造历史的观点，从此它始终成为马克思主义历史观和文艺观的重要思想。在马克思主义奠基人那里，人民的概念始终是在资本主义社会中与占据和控制经济、政治、文化权力的统治阶级对立的下层广大群众中，其主体基础则是工人阶级。社会主义文学对历史的书写是对人民创造历史的进程的书写，在资本主义社会，工人阶级为争取自身解放而进行的斗争就是大写的历史，马克思主义的文艺人民性核心思想要求文学书写这个大写的历史。

列宁发展了马克思恩格斯的文艺人民性思想，1905 年明确地提出社会主义的写作要"为千千万万劳动人民服务"的主张。列宁说，"资产阶级忘记了微不足道的人物，忘记了人民，忘记了千千万万的工人和农民，可这些工人和农民却用自己的劳动为资产阶级创造了全部的财富，并且正在为了他们所

① 《马克思恩格斯全集》第 1 版第 2 卷，人民出版社 1957 年版，第 104 页。

需要的像阳光和空气一样的自由而进行斗争"①。基于这样的认识，列宁在各种著作中经常使用"人民"这个概念指称以工人、农民为主体的广大人民群众，并且在十月革命以后，在与克拉拉·蔡特金的一次关于艺术的谈话中正式提出"艺术属于人民"的马克思主义文艺理论的文艺人民性思想。有一次，列宁在与克拉拉·蔡特金等的谈话中兴致盎然地谈论对现代艺术的种种看法。正在这时，列宁突然话锋一转，说道，"我们关于艺术的意见是不重要的。在总数以千百万计的人口中，艺术对几百个人或几千个人的贡献，也是不重要的。艺术属于人民。它必须深深地扎根于广大劳动群众中间。它必须为群众所了解和爱好。它必须从群众的感情、思想和愿望方面把他们团结起来并使他们得到提高。它必须唤醒群众中的艺术家并使之发展。难道当工农大众还缺少黑面包的时候，我们要把精致的甜饼干送给少数人吗？我这话的意思，很明显，不仅是字面上的，而且是打比喻的。我们必须经常把工农放在眼前。我们必须学会为他们打算，为他们管理。即使在艺术和文化的范围内也是如此"②。列宁在这里使用了人民这个概念，来指称千百万工人、农民等劳动大众和愿意拥护无产阶级革命和苏

---

① 《列宁全集》第二版第 11 卷，人民出版社 1987 年版，第 149 页。
② 《回忆列宁》第 5 卷，人民出版社 1982 年版，第 8 页。

维埃政权的普通人。这与俄国 19 世纪的民粹主义笼统地把没有掌握国家政权的人作为人民，特别是把资产阶级自由派作为人民中坚有本质区别。列宁认为，在共产党执掌国家政权以后，党的领导人、执政者个人关于艺术的意见并不重要，一些专业艺术家对于艺术的意见也并不重要，比较起来千千万万人民群众对艺术的意见至关重要。人民群众对艺术的需求和看法是共产党执政时必须高度重视和处置的主要问题，执政党必须从人民的立场、人民的需要去安排和管理文艺，时时刻刻牢记艺术属于人民。

克拉拉·蔡特金不仅是无产阶级的妇女运动领袖，而且是一位贡献卓著的马克思主义文学评论家。她早在 1911 年就发表《艺术与无产阶级》的文章，指出"提高和推进艺术发展的，始终是奋力摆脱奴役、争取自由的人民群众，打破艺术的停滞、拯救艺术免于堕落的力量也总是来源于人民群众"[1]。蔡特金说，"列宁既然像马克思那样理解群众，当然，就认为群众的全面文化发展具有重大的意义。他认为这种发展是革命的最伟大的成就和实现共产主义的可靠保证"[2]。蔡特金认为，列宁的文艺人民性思想来自马克思关于人民群众的历史地位与

---

[1] 《蔡特金文学评论集》，傅惟慈译，人民文学出版社 1978 年版，第 99 页。
[2] 中国社会科学院文学研究所文艺理论研究室编：《列宁论文学与艺术》，人民文学出版社 1983 年版，第 443 页。

历史使命的深刻思想。可以说，由列宁在理论上概括的文艺人民性思想是根源于马克思主义文论的理论创新。

艺术之所以属于人民，是因为人民既是物质财富的创造者，也是精神财富的创造者。人民在革命中获得的解放，包括精神生产能力的解放。在列宁的时代，随着世界无产阶级革命的逐步深入发展，革命唤醒了人民的艺术家为无产阶级革命而歌唱，人民群众在无产阶级革命斗争中也产生出属于自己的文艺作品。列宁在《欧仁·鲍狄埃》中说，全世界的工人都在纪念这位《国际歌》的作者，"世界各国的工人相继唱起自己的先进战士、无产者诗人的这首歌，并且使这首歌成了全世界无产阶级的歌"[①]。"鲍狄埃是在贫困中死去的。但是，他在自己的身后留下了一个真正非人工所建造的纪念碑。他是一位最伟大的用歌作为工具的宣传家。当他创作他的第一首歌的时候，工人中社会主义者最多不过几十人。而现在知道欧仁·鲍狄埃这首具有历史意义的歌的，却有千百万无产者……"[②] 无产阶级的艺术推动千百万人民群众走向革命，产生了巨大的革命力量。

列宁对全世界第一个工人合唱团赞赏不已。1863 年在斐

---

① 《列宁全集》第二版第 22 卷，人民出版社 1990 年版，第 291 页。
② 同上书，第 292—293 页。

迪南·拉萨尔的支持下，"全德工人联合会"的会员在法兰克福组织了一个工人歌咏团。这个合唱团从最初的 12 个人，到1912 年人数达到 165000 人，分布于德国各地。列宁说，"在德国，用工人歌曲宣传社会主义的历史要短得多，而且德国的'容克'（地主的、黑帮的）政府采取了更多的卑鄙的警察手段来阻碍这种宣传。但是，任何警察的无端寻衅，都不能阻止在世界各大城市，在所有的工厂区，以及愈来愈多地在雇农们的茅舍里，响起和谐的歌唱人类不久即将从雇佣奴隶制下解放出来的无产阶级的歌声"①。人民群众自主的艺术活动唤醒和培养了他们自身在资本主义奴役下被压抑的艺术能力和审美感受，他们从无产阶级艺术中获得自由解放的动力。

列宁 1910 年在评论托尔斯泰时就指出，像托尔斯泰的伟大艺术作品只有在无产阶级革命以后才有可能被人民所享用。这也是必须将无产阶级革命进行到底的一个理由。他说，社会主义革命的目的是使受压迫的人民成为文化的主人。托尔斯泰去世了，"甚至在俄国也只有极少数人知道艺术家托尔斯泰。为了使他的伟大作品真正成为所有人的财富，就必须进行斗争，为反对那种使千百万人受折磨、服苦役、陷于愚昧和贫穷

---

① 《列宁全集》第二版第 22 卷，人民出版社 1990 年版，第 295 页。

境地的社会制度而进行斗争，必须进行社会主义革命"①。

蔡特金在 1911 年说，人们所渴望的人民享有的"艺术的新生只有在资本主义社会之外，在社会主义社会的极乐岛上才能实现"②。十月革命后的社会主义政权把艺术交给了人民，人民拥有自己的艺术，可以享用人类美好的艺术，但是俄国的人民群众在过去长期受压迫的处境中，文盲特别多，列宁为此特别焦急。列宁在十月革命以后利用苏维埃政权的资源，竭尽全力对长期被压迫的俄国工人阶级和人民群众提供文化和文学艺术的服务。他在与蔡特金谈话时说，"为了使艺术可以接近人民，人民可以接近艺术，文盲就必须首先提高教育和文化的一般水平"。"我们面临着工人和农民对于教育和文化的庞大需要，由我们唤起的需要。""我们在进行着扫除文盲的有力运动。我们在大小城市和农村中建立着图书馆和'阅览室'。我们在举办各种不同的教育课程。我们上演优良的戏剧作品和举办音乐会，我们派出'教育活报组'和'流动展览会'到全国各地去。"③

列宁在 1919 年指出，无产阶级革命与资产阶级革命的区

① 《列宁全集》第二版第 20 卷，人民出版社 1989 年版，第 19 页。
② 《蔡特金文学评论集》，傅惟慈译，人民文学出版社 1978 年版，第 110 页。
③ 中国社会科学院文学研究所文艺理论研究室编：《列宁论文学与艺术》，人民文学出版社 1983 年版，第 435—436 页。

别之一在于，无产阶级革命必须让人民识字，掌握文化知识，有自己的图书馆。他说，"我们应当把动员识字的人扫除文盲这一简单而迫切的事情着手做起来。我们应当利用现有的书籍，着手建立有组织的图书馆网来帮助人民利用我们现有的每一本书"。"这件小事情反映出我国革命的基本任务。如果革命不解决这项任务，如果革命不走上建立真正有计划的统一的组织的道路，来代替俄国的混乱状态和荒谬现象，那么这个革命将始终是资产阶级革命，因为走向共产主义的无产阶级革命的基本特点也就在这里。"[①] 1920 年在对人民委员会《关于统一管理共和国图书馆事业》的法令草案的批示中，对人民委员会决定要特别注意组织好图书的公共借阅，从而满足工农读者对图书的需要的意见，列宁批示："绝对必须。"[②] 创造一切条件尽量满足人民群众对文化艺术的需求，是列宁在十月革命后实现艺术属于人民思想的伟大实践。

列宁领导的布尔什维克党刚刚执掌政权的俄国，面对国际帝国主义的颠覆和侵略，同时也面临经济上的困境，在这种严峻的形势下，他始终不忘一个社会主义国家执政党在文化和文学艺术建设上的重要任务，要让艺术真正属于人民。为此，新

---

① 《列宁全集》第二版第 36 卷，人民出版社 1985 年版，第 321 页。
② 《列宁全集》第二版第 60 卷，人民出版社 1990 年版，第 341 页。

生的苏维埃政权付出了极大努力，取得了显著成就。在这样的理论和实践中，列宁发展了马克思主义文论的文艺人民性理论。这是马克思主义文论的宝贵财富。

本书所论是马克思恩格斯和列宁经典著作中讨论文艺问题时阐述的重要文艺思想。这些文艺思想包含对文艺性质、文艺创作原则、文艺批评方法以及从人类艺术起源到 19 世纪欧洲各国文学艺术的历史发展，无产阶级革命政党与文艺的关系等问题的论述，涵盖了现代文艺学中的文艺本体论、文艺创作论、文艺批评论和文学史论等学科构成的主要板块，可以说他们在创建马克思主义理论的同时就创建了马克思主义文艺理论的基本框架。马克思恩格斯和列宁的文艺思想因此也成为 20 世纪以来一切马克思主义理论家建构马克思主义文艺理论的基石和出发点。21 世纪的现实世界和文艺实践与 19 世纪相比已然改观，当代马克思主义者仍然必须重温马克思恩格斯和列宁经典著作中的文艺思想，使之成为建设和发展 21 世纪马克思主义文艺理论重新出发的起点。